本教材获深圳大学教材出版资助

U0509776

FENGXIAN
GUANLI YUANLI

风险管理
原理

李国华◎著

经济管理出版社
ECONOMY & MANAGEMENT PUBLISHING HOUSE

图书在版编目（CIP）数据

风险管理原理/李国华著.—北京：经济管理出版社，2018.11
ISBN 978 - 7 - 5096 - 6070 - 6

Ⅰ.①风…　Ⅱ.①李…　Ⅲ.①风险管理　Ⅳ.①F272.35

中国版本图书馆 CIP 数据核字（2018）第 240779 号

组稿编辑：张　艳
责任编辑：张巧梅
责任印制：黄章平
责任校对：董杉珊

出版发行：经济管理出版社
　　　　　（北京市海淀区北蜂窝 8 号中雅大厦 A 座 11 层　100038）
网　　　址：www. E - mp. com. cn
电　　　话：（010）51915602
印　　　刷：北京晨旭印刷厂
经　　　销：新华书店
开　　　本：720mm × 1000mm/16
印　　　张：14.25
字　　　数：248 千字
版　　　次：2018 年 12 月第 1 版　　2018 年 12 月第 1 次印刷
书　　　号：ISBN 978 - 7 - 5096 - 6070 - 6
定　　　价：48.00 元

前　言

　　本书根据作者所写的讲义整理而成。该讲义断断续续增改了近 10 年，以下是本书的基本结构。

　　第一章，风险管理概论，作者花了很大力气，力图厘清风险管理所涉及的基本概念、知识框架。作者明确地将风险定义为行为结果的不确定性，行为结果用风险指标表示，结果的不确定性用风险状态描述；而风险管理本质上是选择风险状态、优化风险状态的行为。这样就清晰地为风险管理原理构建了一个逻辑框架。

　　第二章、第三章用作者自己的见解演绎风险管理的基本工作：风险评估。在第三章中增加了风险预警的内容。

　　第四章，先总结了已有的评价风险状态优劣的标准（风险测度），并将其分为客观标准和非客观标准，这也算是一个新的尝试。在此基础上，作者指出任何一个风险状态（理论上我们常分析一个财富随机变量）对风险主体而言都有二重性：或损耗其财富，或增加其财富；风险测度就是要提炼出风险状态在这两方面的特性，所以基本的风险测度有两类：财富损耗测度和财富增加测度。这一思路为第五章的风险管理决策提供了工具。本章是对第二章、第三章所提问题的回答。

　　第五章，风险管理决策，本章直面长期困扰学界的理论问题：如何选用评价风险状态优劣的标准。本章将风险管理决策根据决策目标分为三类，并对每一类决策所适用的风险测度进行了探讨，是理论上的一个尝试。本章针对第一类风险管理决策，提出了一个新的风险测度：风险中性量，作者认为它至少是对 VaR、ES 测度的一个补充，对于重复投注类风险它应该是更好的风险测度。有关风险中性量的理论处于创立阶段。关于第二类风险管理决策，作者引进了风险标准体系的概念，提出了潜在价值期望标准。

　　第六章，风险管理技术。

第七章，效用盈余与风险市场，是作者新写的一章。本章主要是强调所谓财务型风险管理技术（金融型风险管理技术）本质上是风险主体通过在风险市场交换风险状态从而改进风险状态的技术。所以本章揭示的是效用盈余原理：不管风险主体的特征如何，也不管它们面临的风险状态如何，不同风险主体间都有可能通过交换风险状态使双方的风险状态得到改善。

第八章，风险管理的组织与实施。本章先从管理学角度介绍如何组织风险管理工作，然后简要介绍了自己认为较为重要的三个风险管理体系。

本书第一章、第四章、第五章、第七章是作者在大量研究的基础上写成的。特别是第五章，作者认为，由于有了第五章，风险管理原理算是有了一个比较完整的逻辑体系。

当然，作者认为还有两个重要的理论领域值得进一步研究。一是风险管理的社会学考量：风险管理可能直接加重社会贫富分化。这时，贫者如何选择？政府如何作为？二是风险博弈：在零和博弈或"胆小者"博弈中，强者是否总是喜欢制造更大的不确定性？弱者如何应对？

本书可作为金融专业本科生、研究生的教材。

李国华

2018 年 9 月于深圳

目　录

第一章　风险管理概论

本章第一节介绍风险和风险管理的概念，读者应着重理解风险与风险管理的概念、风险管理要解决的基本问题；本章第二节介绍风险管理的发展和风险管理的重要性。

第一节　风险与风险管理的概念

一、风险与风险主体

（一）风险

关于"风险"一词的由来，一种流行的说法是，在远古时期，以打鱼捕捞为生的渔民们，每次出海前都要祈祷，祈求神灵保佑自己航行时一帆风顺、作业时风平浪静、返航时满载而归；他们在长期的捕捞实践中，深深地体会到虽然"风"有时会给他们带来便利，但更多的时候带来的是无法预知的危险，对他们而言，"风"即意味着"险"，因此有了"风险"一词。

另一种说法是，风险一词来源于意大利语"risque"一词。在早期的运用中，被理解为客观的危险，如航海遇到礁石、风暴等事件。大约到了19世纪，在英文的使用中，风险一词常常用法文拼写，主要是用在与保险有关的事情上。

在现代政治、经济、军事活动和日常生活中，风险一词的使用频率非常高，但要给风险一词下一个定义，多数情况下我们会感到困难。上海辞书出版社1989年出版的《辞海》里就没有风险条目（虽然有风险管理条目）。依笔者之见，这不太可能是疏忽，更可能的原因也许就是在当时的环境条件下，编者对如何说清风险的含义感到困难。事实上，在2009年9月国际标准ISO31000《风险管理——原则与指导方针》颁布之前，世界上就没有一个关于风险的公认定义

（令人感到遗憾的是，该标准的定义也并未得到学界的认同）。

互联网上可以检索出我国一些文人使用风险一词的例子。如茅盾的《子夜》中有："你看这件事有没有风险？"杜鹏程的《保卫延安》第二章中有"咱们陕北人民为了自己部队消灭敌人，什么风险的事都敢干"。郭沫若的《李白与杜甫·杜甫的阶级意识》中有"店老板躲过了风险之后，逃回来了"。马烽西戎的《吕梁英雄传》第十一回中有"说时，皮鞭在王臭子身上、头上，好像捶泥一样地响起来。这等风险，王臭子却还是头一次遇到"。

应该说，除了茅盾的《子夜》中的用法与我们现在的理解一致外，其他的用法至少让现在的人感到多少有些别扭。但笔者认为在这些文人所处时代，他们的用法应该不成问题。这意味着风险一词的含义随着时代的变迁也在变化。

以下我们从现代人们日常应用风险一词的本义出发，阐明风险一词的含义。

1. 风险俗义1——"有风险"

今天人们应用风险一词的基本句型之一是"……有风险"。

如人们使用频率极高的口头禅之一：股市有风险，投资须谨慎。以至于"……有风险，……须谨慎"成为一个模板句型：聚会有风险，同学需谨慎；婚姻有风险，择偶须谨慎；进京有风险，上访须谨慎；人流有风险，投医须谨慎；网聊有风险，交友须谨慎；拔牙有风险，就医须谨慎。当然更一般的句型是简单的"……有风险"：余额宝有风险吗？去眼袋手术有风险吗？

我们从这些日常应用中，可以看出：①谈到风险时，一定有一个行为主体（以后我们称为风险主体），或人，或物，行为主体要承担行为的后果，以"拔牙有风险，就医须谨慎"为例，行为主体是牙痛病人，他要承担牙齿被拔的后果。②风险一定与特定的行为相关，以"拔牙有风险，就医须谨慎"为例，这里所谓的风险与牙齿被拔相关。③行为主体一定有一个希望达到的行为结果（以后我们称为预期结果或满意结果），以"拔牙有风险，就医须谨慎"为例，牙痛病人希望达到的拔牙结果是拔去病牙、解脱牙痛、保留正常的牙齿功能等。④风险则是指：出现行为主体不希望出现的结果（以后我们称为与预期结果负偏离）的可能性，以"拔牙有风险，就医须谨慎"为例，拔牙风险是指出现牙痛病人不希望出现的拔牙结果的可能性，包括拔错了牙的可能性（笔者读大学时，一位韩姓的同学就经历过好牙被拔、坏牙还存在的痛苦）、牙拔了痛还在的可能性、牙拔了牙齿功能受损的可能性等。

所以"有风险"是指：有出现行为主体不希望出现的行为结果的可能性。

相应的"风险"是指：出现行为主体不希望出现的行为结果的可能性。我们可以将之称作：实际结果对预期结果负偏离的可能性（见图 1-1）。

图 1-1 实际结果对预期结果的负偏离

2. 风险俗义 2——"风险大"

今天人们还有一个应用风险一词的典型句型"……充满风险"。如："藏羚羊迁徙的路上充满风险"；"北极航运是充满风险的捷径"；"金钱豹的这一跃充满风险"。

当然更一般的句型是："……风险很大（很小）"。如"手术治疗甲状腺结节的风险很小""数学不太好的同学选修《风险管理原理》风险很大"。

分析这些日常应用，可以看出以下两点。①"充满风险"，意味着行为的实际结果可能有多种。②在两种情况下我们会说风险很大：其一，出现行为主体不希望出现的结果的可能性很大，尤其是我们说"充满风险"时，一般意味着有多种风险主体不希望出现的结果，且最少出现这些结果之一的可能性不小；其二，出现行为主体不希望出现的结果的可能性不一定很大，但风险主体对其中某些不希望出现的结果的厌恶程度极高（风险主体对不希望出现的结果都厌恶其出现，但厌恶程度却不一样）。

如当我们说"拔牙风险很大"时，这首先意味着拔牙的实际结果可能有多种：包括牙痛病人希望达到的拔牙结果——拔去病牙、解脱牙痛、保留正常的牙齿功能等；也包括牙痛病人不希望出现的拔牙结果：包括拔错了牙、牙拔了痛还在、牙拔了牙齿功能受损等；显然，牙痛病人对于其不希望出现的拔牙结果的厌恶程度不一样。其次，当我们说"拔牙风险很大"时，我们实际指两种情况（或者说两种情况下我们会说"拔牙风险很大"）：一是出现牙痛病人不希望出现的拔牙结果之一的可能性不小；二是牙痛病人不希望出现的拔牙结果出现的可能性不一定大，但最少其中一种结果牙痛病人极度厌恶（如拔错了牙、带来生命危险等）。

所以，风险涉及行为主体不希望出现的结果（负偏离于预期结果）的种类、风险主体对各类结果的厌恶程度（也可以说是喜爱程度）和行为主体不希望出现的各类结果其出现的可能性（见图 1 - 2）。

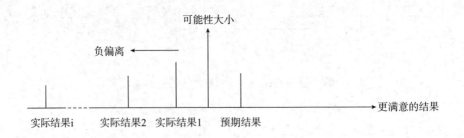

图 1 - 2　风险涉及实际结果负偏离的种类、风险主体对其厌恶度和出现的可能性

3. 风险俗义 3——"高风险高收益"

关于风险，人们能立即想到的另一个说法是："高风险高收益"。这一说法广泛存在于投资领域。这里的高风险显然是指"风险大"。但按前述风险大的含义，高风险并不意味着高收益。

因为当我们谈投资风险时，首先意味着有一个投资人满意的投资收益率，比如是 10%（行为主体认为满意的行为结果），而按前述解释，这时我们说高风险（风险大）只能意味着两种情况：①实际投资收益率低于 10% 的可能性很大；②实际投资收益率低于 10% 的可能性不一定很大，但投资人有一定的可能性巨亏（或收益率极低）。

两种情况都不能得出"高收益"的结论。

那么"高风险高收益"的含义是什么呢？

实际上，当我们说"高风险高收益"时，我们已经是从科学的角度谈风险的概念了，也是从现代风险管理的角度谈风险了。

从投资的角度看，我们面临四种可能的投资组合选择：①"低风险低收益"；②"低风险高收益"；③"高风险低收益"；④"高风险高收益"。

从市场竞争的角度看，"低风险高收益"这样的投资领域不存在（逐利会将这样的领域清零）；从经济学的理性人假设看，"高风险低收益"的投资领域也不会有人选择；余下的就是："低风险低收益"和"高风险高收益"了。

那么，"高风险高收益"中高收益从何而来呢？实际上，前面我们谈投资的高风险时，我们只强调了实际收益率对满意收益率的负偏离的情况：实际投资收益率低于满意收益率可能性很大，或实际投资收益率低于满意收益率的可能性不一定很大，但投资人有一定的可能性巨亏（或收益率极低）。现实中，实际收益率可能在对满意收益率负偏离的同时，也可能对满意收益率正偏离，即实际收益率对满意收益率负偏离只是情况的一部分，情况的另一部分是实际收益率对满意收益率的正偏离。例如情况的一部分是前述的"高风险"，而情况的另一部分是实际收益率对满意收益率的正偏离；若这种正偏离是：实际投资收益率高于10%的可能性很大，或实际投资收益率高于10%的可能性不一定很大，但投资人有一定的可能性取得巨额收益（或收益率极高），那么情况就有可能是"高风险高收益"了（见图1－3）。

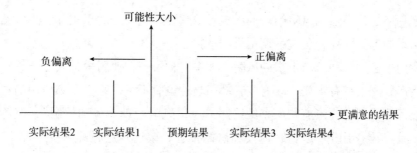

图1－3 情况的另一部分是实际结果对预期结果的正偏离

这里是将实际结果对预期结果的正偏离看成是实际结果对预期结果的负偏离。这正如我们将企业的亏损看作是企业的负的利润。这是一个日常概念成为科学概念时，其内涵的必然扩展。

所以，风险一词在日常应用中，往往是指实际结果负偏离预期结果的可能性，这也可以理解为狭义的风险。

而风险一词作为科学概念，是指实际结果偏离预期结果的不确定性（结果未出来前，实际结果偏离预期结果有各种可能性，用不确定性来表述更贴切），这既包括实际结果对正常结果（预期结果）的负偏离的可能性，也包括实际结果对正常结果（预期结果）的正偏离的可能性。这是广义风险的内涵。

预期结果有一定的确定性，它或者是这类行为的平均预期结果，即期望值（在现实中，人们的心里预期值也常常是这个值），或者是行为主体事先确定的目标值，假设其为常量 X_0，又设未来的实际结果是不确定的量，假设其为随机变量 X，则所谓"实际结果偏离预期结果"指 $X - X_0$，这不过是 X 作了一个平移，数学上 $X - X_0$ 的不确定性与 X 本身的不确定性没有本质的区别。

所以，更一般地，我们可以将"预期结果"省略，这样来定义风险：风险是指行为结果的不确定性。

本书我们将使用这一定义。

（二）风险主体

与风险的定义相对应，我们将行为结果的承担者称为风险主体。

在国际标准 ISO31000《风险管理——原则与指导方针》中有风险所有者的概念，其定义为：对管理风险负有义务和权利的个人和实体。与我们这里的风险主体不一样："风险主体"承担风险的后果，而"风险所有者"担负风险管理义务和权利。

笔者还是认为强调风险结果的承担者更重要，尤其是对于实际结果负偏离于预期结果的那类风险，更应强调结果的承担者。

我们来考虑一种新药带来的风险。如果一种新药在使用中带来了严重的副作用，生产厂家当然有责任，政府监管部门当然也脱不了干系，但副作用的真正承担者是药品使用者。政府和厂家虽然都"承担风险管理义务和权利"，但厂家承担的不是"副作用"，是利润损失和法律责任；政府承担的也不是"副作用"，而是监管不力的责任。因此，药品副作用风险的风险主体是社会公众，必须建立有效的社会公众授权政府监管厂商的社会治理机制。

二、风险指标与风险状态

当我们将风险定义为行为结果的不确定性时，我们就自然要处理以下两个问题：①用什么来表示、描述行为的结果？②如何来刻画结果的不确定性？

（一）风险指标

表示、描述行为结果的工具（或手段）有很多，数字、文字、音像、表格等，都可以用来描述或表示行为结果。我们定义：风险指标是表示或描述行为结果的工具。

1. 狭义风险指标

现实中，行为结果很多可以用数量指标表示。比如，学生学习《风险管理原理》这门课程，虽然最后考核成绩具有不确定性，但考核结果是可以用分数表示的。有一些行为的结果，乍一看好像不太好用数量指标表示，比如若追求十年后有幸福的婚姻生活，其结果就好像不太好用数量指标来表示，但多数情况下我们可以用数量指标来刻画婚姻生活幸福度的某些方面，比如十年后家庭收入的总水平、家庭财富的总水平等可以从一个侧面表示婚姻的幸福度；更重要的是，如要对行为结果加以管理，将行为结果数量化就是"必须的"。

人类已进入数字化时代，就实际生活和经济活动而言，人类行为的结果绝大多数可以用数量指标表示，现代风险管理的对象在很大程度上也主要是人类关心的数量指标的不确定性。

所以，笔者认为，我们可以将风险一词的含义狭义化为：风险是表示行为结果的数量指标的不确定性。狭义风险指标可以定义为表示行为结果的数量指标。

本书以后的章节中，我们所称风险指标一般（但不限于）是指狭义风险指标。本书的论述也主要（但不限于）针对狭义风险指标。

人类关心的数量指标可以是综合的，也可以是具体的。如企业净资产收益率、企业资产负债总值、企业年度总利润等可以算是综合数量指标；而汽车或房屋未来某时刻的市价、未来某时段内交通事故给车主带来的经济损失等可以算是具体的数量指标。当然，综合指标和具体指标具有相对性。

从经济学的角度看，指标可以是关于收入的，如商品卖出价格、应收账款的现值；也可以是关于支出的，如原材料购入成本、车祸支出、火灾损失等。

收入指标与支出指标可以互换。如火灾支出水平 X，可以看作是火灾收入 $-X$。所以在风险管理理论研究中，我们有时只单一研究损失指标（如保险），有时我们则仅单一研究财富指标，收入是财富的增加、支出是财富的减少，如在期望效用理论中我们一般就仅研究财富指标。

当然，这里的数量指标可以广义化到包括向量指标，例如对企业非常重要的财务风险，其数量指标在多数情况下就是一个指标体系———一个向量指标。

2. 广义风险指标

如果行为结果确实只能用定性指标（或其他工具）描述，这时我们可以将风险指标广义化，即我们可以规定风险指标既包含定量（数量）指标也包含定性指标。在绝大多数分析中，这不影响我们的结论。

（二）风险状态

行为结果可以用风险指标来表示或描述，那么行为结果的不确定性我们如何来表达、如何来描述呢？

对于可以用数量指标表示的结果，如何表达其不确定性，我们有现存的工具：最基本、最准确完整的描述工具是数量指标的概率分布函数或概率密度函数。

设 ξ 是我们所关心其不确定性的风险指标的未来水平，它是一个随机变量。

如果变量是离散型的，则其发生的概率函数 $P(\xi = x_i) = p_i$，$i = 1$，2，3，…，就精确、完整地描述了其不确定性（见图 1 - 4）。如果变量是连续型的，则其分布密度函数就可以精确完整地描述其不确定性（见图 1 - 5）。

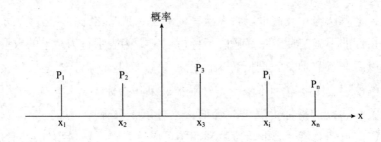

图 1 - 4 离散型风险指标的风险状态

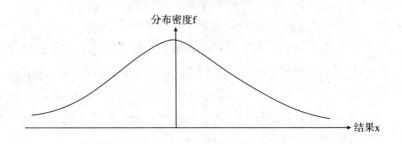

图 1 - 5 连续型风险指标的风险状态

我们定义：如果表示行为结果的数量指标（风险指标）ξ 是一个随机变量，则其概率分布叫作风险指标的风险状态。

所以我们约定，表示行为结果的数量指标的概率分布叫作风险指标的风险状态。

当然我们可以将风险状态的定义广义化到覆盖定性风险指标：对定性指标的符合规定的描述就是其风险状态。

所以，广义上讲，风险指标是指行为结果的描述工具，而风险状态是指风险指标的所在状态。

风险状态可以用各种特征值加以分析，最重要、最常用的特征值是期望值

$E(\xi)$ 和方差 σ^2。在很多情况下，我们用方差大小来表示风险的大小，若方差等于零，我们常说无风险或说风险为 0。

例 1-1：设 $P(\xi = X_0) = 1$

则：$E(\xi) = X_0$

$\sigma^2 = E(\xi - E(\xi))^2 = 0$

方差等于 0 或无风险是特定的风险状态，或说是一类特定风险状态的特征。

但风险不存在或无风险大多数情况下并非我们追求的目标。

我们来看一个极端的例子。

居民将一笔现金存放在家里，可以认为其未来市值（随机变量）不变，未来市值的方差为 0（当然我们要假设不存在被抢、被盗、被烧甚或被老鼠啃掉等情况）；居民也可以将这笔钱存为银行活期存款，尽管因为银行活期存款利息率的变化，该笔存款未来的市值（本息和）具有不确定性（$\sigma^2 > 0$），但无论如何，未来任何时候这笔活期存款的市值都比原值高（只要活期存款利息率大于 0——当然我们也要排除银行破产或破产后无足额补偿的情况）。这就是说，有时具有一定风险的情况（具有不确定性，在这里就是 $\sigma^2 > 0$）比无风险的情况（具有确定性，在这里就是 $\sigma^2 = 0$）要好。

一般地，当我们用风险状态的某些特征值来评价风险大小时，追求风险更小并不总是我们的目标。

那么，我们风险管理的目标是什么呢？面对一种风险状态时，我们究竟想做什么？或者说：管理风险（风险管理）的目的究竟是什么？

三、风险管理的基本问题与风险管理的概念

假设人类行为结果可以用数量指标表示（即风险指标），它是一个随机变量，其风险状态（分布）用 ξ_0 代表。显然，我们首先要弄清楚 ξ_0 的状况，接下来就要问：我们对 ξ_0 满意吗？我们判断 ξ_0 是否令人满意的标准是什么？如果我们对 ξ_0 不满意，我们就要做些什么工作？又假设我们做了一些工作，风险状态改变了，由 ξ_0 变为 ξ_1，我们如何判断改变后的风险状态 ξ_1 优于以前的风险状态 ξ_0？显然，如果我们不能确定 ξ_1 优于 ξ_0，我们就不能判断我们的工作是否有意义。

这里实际上提出了一系列风险管理的基本问题：

（1）我们应关心哪些风险指标？

（2）这些风险指标的基本状况如何？

（3）如何评价风险状态的优劣？（我们对 ξ_0 满意吗？标准是什么？）

（4）如何使风险状态更优（如何将 ξ_0 变为 ξ_1）？

迄今为止，并无公认的评价风险状态优劣的标准。这方面比较成熟的理论有期望效用理论，而常用的有均值—方差标准等。我们在后面的章节里将专门讨论风险状态优劣的评价标准。

无论评价风险状态优劣的标准是什么，说风险管理的目标是追求风险更小总是不如说风险管理的目标是追求风险状态更优（广义的风险更小）。

所以，所谓风险管理，就是以风险状态更优为目标进行的选择或改善风险状态的行为。

这样，风险管理除具有计划、组织、监督、协调、控制等一般管理职能外，其核心内容应包括：

1. 风险评估（Risk Assessment）

它包括三项基本工作：

（1）风险识别（Risk Identification）：有哪些我们关心其未来水平不确定性的数量指标（有哪些风险）？不确定性的原因是什么？

（2）风险分析（Risk Analysis）：这些数量指标的原始状态如何？后面的章节中我们将详细定义原始风险状态。

（3）风险评价（Risk Evaluation）：风险主体能接受这种风险状态吗？为什么？如果不能接受，怎么办？

2. 风险管理方法的开发与选择

（1）用哪些方法可以改变风险状态？

（2）哪种方法更优？

3. 实施风险管理方法（风险处理，也就是改变风险状态）

在这里，我们有必要强调一下风险管理（Risk Management）和管理风险（Managing Risk）的区别。前者强调管理职能，即计划、组织、监督、协调、控制等一般管理职能，比如，一个企业如何将应对风险的工作组织起来，强调这项工作的组织框架。但风险管理工作的核心内容还是管理风险，即如何用专业技术完成各项具体的管理风险的工作，强调管理风险的专业技术和知识，包括这里我们谈到的风险评估、风险管理方法的开发与选择以及风险处理。在一般情况下，我们并不区别二者，很多情况下，我们所提风险管理实际上指的是管理风险，尤其是专门研究风险管理问题的书，其核心内容显然应集中于管理风险的专业知识和技术。本书的前七章基本上讲的是管理风险，第八章则主要从管理职能上讨论如何组织风险管理。

四、更多的风险定义

为使读者对风险内涵有更好的理解，以下我们给出更多的常见风险定义，顺便对比较有影响的观点谈谈笔者的观点。

需要指出的是，这些定义在给出时，往往在其前后有很多的说明，所以这里摘录的定义并不完全准确地反映原作者的原意。

（一）外国学者的定义

我们先来看看几个外国学者的定义。

1901 年美国学者威雷特在《风险与保险的经济理论》中第一次为风险下了定义，强调风险的客观性特征，他把风险定义为"关于不愿发生的事件发生的不确定性的客观体现"。他认为风险事件的发生具有不确定性，影响的结果同样具有不确定性，强调了不确定性在风险中所处的核心地位。

1916 年美国经济学家 F. H. 奈特的博士论文为《风险、不确定性和利润》，1921 年以同书名出版发行，他在威雷特有关风险理论的基础之上进一步对风险与不确定性进行了明确的区分。笔者认为奈特博士论文中有许多经济学、哲学亮点。但请注意：奈特博士的论文是 100 年前的内容。论文中奈特博士将风险定义为可度量的不确定性，并认为严格意义上的不确定性指不可度量的不确定性。从而风险关联于可度量性，不确定性关联于不可度量性。笔者认为，风险指标的可度量与不可度量之间并无绝对界限，在本书第二章中我们讨论风险分析，谈的就是如何搞清风险状态，全部搞清其分布固然最好，但未见得能做得到、未见得必须，能搞清部分分布或某些特征也许就够了，也许有可能——风险分析就是要搞清风险状态；同时，可度量性与不可度量性既取决于度量技术，也取决于度量者的工作态度。从奈特博士论文后 100 年的风险管理发展史看，奈特博士关于风险定义的观点并未成为主流意见，除少数人外，接受其观点的人不多。当然，直到今天，还有人在做风险与不确定性对立的文章。

1964 年，美国学者威廉和汉斯在《风险与保险》中将人的主观因素引入风险分析，认为风险虽然是客观的，对同一环境中的任何人都是以同样的程度存在；但不确定性的程度则是风险分析者的主观判断，不同的人对同一风险的认识可能不同。这里，笔者想说，原始风险状态（表示行为结果的风险指标的概率分布）本身具有客观性、同一风险（风险指标确定、概率分布确定）的不确定性程度本质上也是确定的，但不同风险主体因其评价风险状态优劣的标准不同，从而同一风险（风险指标确定、概率分布确定）在不同风险主体那里的优劣程度不同，这样才有了风险市场、风险交易：同一风险如果在风险主体 A 手中的价值不如在风险主体 B 手中的价值，风险主体 A 就有机会将风险转移给风险主体 B，在一定条件下，交易双方都可以从本交易中得到好处。我们将在第七章讨论风险市场。有一种现象常能引发我们疑惑：两个风险主体有同样行为，但结果不同，这似乎意味着两个风险主体同样行为结果的不确定性不同。实际上不会有这种事，如果结果不同，那么行为一定不同，所谓"同样行为"只是看上去相同，两个同学看上去同样努力，两家公司看上去都经营手机，实际上看上去相同的行为，在细节上会有差异，很多情况下这种差异巨大。

20 世纪 80 年代初，日本学者武井勋在吸收前人研究成果的基础上对风险的含义重新进行了表述："风险是在特定环境下和特定时期内自然存在的导致经济损失的变化。"1994 年在接受中国记者访问时，他认为风险是"可能发生的结果的变动"。

1992 年德国学者 Ulrich Beck 出版了 *Risk Society，towards a New Modernity*，视风险为"对现实的一种虚拟"，将风险界定为"认识、潜在冲击与症状的差异"。笔者要指出，贝克先生《风险社会》中的风险，特指社会风险，即社会作为行为结果的承担者面临的风险，该书中有"我说风险，首先指完全脱离人类感知能力的放射性、空气、水和食物中的毒素和污染物，以及相伴随的短期和长期的对植物、动物和人的影响"。显然，将该书的风险概念用于一般意义上的风险管理并不合适。

1992 年，美国学者 J. Frank Yates（Ed.）等出版了 *Risk - taking Behavior*，提出了风险结构的三因素模型，较透彻地分析了风险的内涵。他们认为，风险是由以下三种因素构成的：①潜在的损失；②损失的大小；③潜在损失发生的不确定性。Yates 等的风险三因素模型，从本质上反映了风险的基本内涵，是现代风险理论的基本概念框架。他们认为尽管每一种风险定义都包含不确定性，但是不同的风险定义在看待不确定性如何影响风险的发生方面存在差异。归纳起来有以下四种观点：①风险就是不确定性。②风险是损失种类的不确定性。③风险是某种损失可能发生的不确定性，即使人们知道哪些种类的损失将会发生，还存在这些损失是否会发生的不确定性问题。④风险就是不确定性水平。笔者认为，J. Frank Yates（Ed.）等的观点确实触及风险的本质，与我们这里的观点较接近，但 J. Frank Yates（Ed.）等的风险结构三因素模型实际上强调的是如何描述不确定性：损失指标、指标的取值、取值的概率分布。笔者不赞成在风险定义中就将如何描述不确定性问题绕进来（那是风险分析的事），更不赞成在定义中就将如何评估风险的不确定性程度问题绕进来（那是如何评价风险状态优劣的问题），这样做会使问题复杂化。比较而言，本书的定义显然更简洁明了、更具有普适性：风险是指行为结果的不确定性；行为结果如何表示？用风险指标；不确定性如何表示？用风险状态。如果行为结果用数量指标表示，风险指标就是一个随机变量，风险状态就是其概率分布。至于如何评价不确定性程度，那是风险测度问题，本书第四章、第五章将专门讨论。

美国保险学家特瑞斯·普雷切特等将风险定义为"未来结果的变化性"，也强调风险具有不确定性的特征。

美国学者 Gregory R. Niehaus 等 1962 年首次出版（1996 年第七次再版）《风险管理与保险》，按其定义，风险是指结果的不确定状态，或者是实际结果与预期结果的偏差。"总的来说，风险一词有时相对于期望值的变动，有时指期望损失本身。"

美国学者 Mark S. Dorfman 2002 年再版了《当代风险管理与保险教程（第7版）》，该书作者认为风险一词常与保险联系在一起使用，但没有人全部接受现有的定义。该书作者认为广为采用的是两种较为特殊的定义，其一，"随机事件可能结果间的差异"——"可能发生的不同结果越多，风险就越大"。其二，"可能发生的损失的不确定性"——"平均预期损失的变化范围越大，风险就越大"。

（二）中国学者的定义

我们再来看几个中国学者的定义。

许谨良的《风险管理》认为，"风险指损失的不确定性。"；"指损失机会和损失可能性"；"指损失的不确定性"；"实际与预期结果的离差度"；"实际结果偏离预期结果的概率"。

熊福生《风险理论》认为，"风险是损失机会或损失的可能性"；"风险是一种损失的不确定性"；"风险是一种可能发生的损害"；"风险是一种不能预期的结果"；"在保险学上有时指损失原因""可能发生的损失及其概率。"

顾孟迪、雷鹏的《风险管理（第二版）》认为风险的一般定义应为："风险可以看作是实际结果与预期结果的偏离。"

值得注意的是，孙星在《风险管理》中将风险与不确定性对立起来（第九页）。显然作者受到美国经济学家 F. H. 奈特 100 年前的博士论文《风险、不确定性和利润》的影响。

（三）ISO31000 的定义

最后我们来看看国际标准 ISO31000 的定义。

大家可能注意到了，上述提到的作者有一个共性：往往没有给出简洁清晰的风险定义。比较而言国际标准 ISO31000 则给出了简洁清晰的风险定义。

国际标准化组织 2009 年 9 月发布国际标准 ISO31000《风险管理——原则与指导方针》，其中风险采用了中国代表提出的定义：风险是不确定性对目标的影响（Effect of Uncertainty on Objectives）。在此之前，包括中国在内的各国专家为国际标准化组织提出了 14 种"风险"定义供讨论。最终风险的定义经 ISO 风险管理工作组 4 次会议的激烈讨论才得以确定（笔者认为，更大的可能是经过妥协而非真正的探讨。在讨论中，我们常见的一种情况：强势的一方的观点——不一定正确——更容易得到认可，尤其是大多数与会者缺乏真知灼见或缺乏坚持真理的勇气时更是如此）。

中国标准化研究院工业与消费品质量安全标准化研究所高晓红博士认为，各国专家对该定义的评价是：该定义克服了其他国家对"风险"定义过于狭窄、不准确等弊端，直指风险的本质，准确、全面、易于理解、便于应用。

这一定义已经得到广泛传播，实际上 2006 年 6 月 6 日我国颁布的《中央企业全面风险管理指引》就已经使用这一定义。不过迄今为止，该定义在学术上似乎还未得到广泛认可。

五、关于国际标准 ISO31000 中风险定义的讨论

本书作者对国际标准化组织 2009 年 9 月发布的国际标准 ISO31000《风险管理——原则与指导方针》中风险定义持保留态度。主要理由是：按此定义，风险管理的核心对象是影响，而不是产生影响的"源"——不确定性，从管理原理上讲，管理工作应尽量针对"源"，即不确定性。另外，当以"影响"为核心对象时，风险管理学在构建合理的逻辑体系方面将面临一些困难。笔者认为风险管理固然要管理（不确定性对目标的）影响，但更重要的是管理不确定性本身：

这包括管理行为结果形成过程所涉不确定性（影响行为结果的过程要素的不确定性），也包括管理结果本身的不确定性。本质上，风险管理是选择不确定性、改变不确定性，也就是选择风险状态、改变风险状态。花旗银行前董事长沃尔特·瑞斯敦的观点大致可以总结现代风险管理的意识："生活的全部内容是管理风险，而不是消灭风险。"

同时必须指出，目标是人为确定的东西，其制定过程固然受到不确定性的影响，但显然这类影响不应是，也不是风险管理的主要内容。我们试分析如下。

1. 抽象的目标

在确定目标时，我们有时确定的是抽象的目标、行为的目标方向，比如说企业经营目标是利润，它确定的是企业经营行为的目标指向——利润，它排除了企业经营行为的其他目标指向，如安全、产品质量、市场占有率等。

这时，所谓的目标实际上是表示行为结果的指标。按中文的理解，"不确定性对目标的影响"只能有两种解释，一是不确定性对行为目标指向的影响，如不确定性将企业经营行为的原指向"利润"转变为新指向"市场占有率"；二是不确定性对行为结果取值的影响，也就是说行为目标指向没有变化，还是利润，但不确定性使其取值受影响。如果国际标准ISO31000《风险管理——原则与指导方针》中风险定义所涉"目标"指抽象目标，那么"不确定性对目标的影响"的第一种解释（如不确定性在将行为目标"利润指向"改为"市场占有率指向"方面的影响）与风险就没有多大关系；这样，国际标准ISO31000《风险管理——原则与指导方针》中的风险定义"不确定性对目标的影响"只能按第二种解释理解，其内涵可以理解为"不确定性对行为结果的影响"。按此理解，结果形成过程所涉不确定性固然纳入了风险管理视线，但结果本身的不确定性则被排除在外。所以"不确定性对行为结果的影响"显然不如"行为结果的不确定性"更能体现风险管理对象"风险"的本质。

2. 具体的目标

在确定目标时，我们有时确定的是具体的目标，是行为结果在量上的要求，比如说企业经营目标是实现年度利润500万元人民币。制定这类目标时，我们固然要考虑未来的"不确定性"，但这项工作（制定目标时考虑不确定性）显然不是，也不应是风险管理的主要内容，而且具体目标一旦制定，本质上就是不变的东西，没有所谓的"不确定性对目标的影响"问题（但有重新制定目标、修改目标问题）。所以，国际标准ISO31000《风险管理——原则与指导方针》中风险定义所涉及的目标如果指具体目标，那么其要表达的意思更可能是：风险是不确定性对目标实现程度的影响。而所谓目标实现程度只能是实际结果对设定结果（目标）的离差（如何度量是另一个问题），如果是这样，风险就得这样定义：风险是不确定性对实际结果与设定目标的差异的影响。设未来的实际结果为 X，是一个随机变量，目标为常数 X_0，则差异为 $X - X_0$，如前所述，这是对 X 作了一个平移，理论上某物对 "$X - X_0$" 的影响与该物对 X 的影响，没有本质的区别。这就是说，风险可以这样定义：风险是不确定性对实际结果的影响。但即使这样，这一定义只强调了过程所涉不确定性对结果的影响，结果本身的不确定性（或实际结果与设定目标的差异的不确定性）似乎不在视线内。而实际上我们要管理的恰恰是结果的不确定性，而我们之所以管理过程所涉及的不确定性，也是因为这些不确定性会带来结果的不确定性。

这里，我们还要提醒一下，后面的章节中我们会引进风险标准的概念，在那里，目标实际上是我们要探讨的风险标准之一，它是判断风险状态可否接受的依据之一，也是风险主体选择风险状态优劣评价标准并评价风险状态优劣的重要依据。

从 2009 年 9 月发布国际标准 ISO31000《风险管理——原则与指导方针》后的风险管理实践看，该定义的接受程度并不高。

第二节　风险管理的发展与风险管理的重要性

一、风险管理的发展

（一）风险管理的早期实践

动植物在漫长的进化岁月里，大多进化出一定程度上的管理风险的本能。一些植物种子可以长时间休眠，而一旦条件适宜则迅速开花结果。

在墨西哥的奇瓦瓦沙漠，生长着一种神奇的植物，人们叫它复活草或不死草，或九死还魂草（见图 1-6）。它的生长环境很特殊，多为干燥沙漠、岩石缝隙或荒石坡，在这样的环境中，水分的供应没有保障，有时仅在数十、上百年一次下雨时才有一些过路水迅速流过。在这样的环境中的植物，其生命的不确定性源自雨水的高度不确定性，如何应对雨水的不确定性就成为生存的关键。复活草凭借着漫长岁月进化出的有水则生、无水则"死"的生存绝技，不但旱不死，反而代代相传繁衍生息。当干旱来临时，它的茎会紧紧盘卷成枯草，仿佛死了一样，但即使丧失近乎全部的水分，它仍可顽强坚持数十年、上百年，等待不知何时才有的雨水。不仅如此，在干透的沙漠里，它还会自己从土壤中挣脱出来，全身卷成一个干草圆球，随风飘滚前进，以期遇上有水的地方。而一旦有了水分，复活草体内细胞就会发挥强大的锁水功能，锁住相当于细胞自身重量 460 倍的水分，并迅速舒展茎叶、开花、结果，好像在一瞬间完成了生命历程，然后等待下一轮生命。

 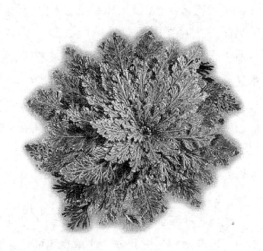

图 1-6　卷成枯草的复活草和复活的复活草

一些动物面对严寒冬季食物来源高度的不确定性，也进化出独特的本能，或以冬眠对付冬季，或储藏坚果应对冬天。动植物在选择生长地和繁衍方式上都几乎是天才。

人类风险管理意识的产生可以上溯几千年。较之动植物，人类除了具有风险预防、损失避免意识外，人类还具有风险分散、风险汇集与转移等风险管理意识。

1. 风险分散的意识与实践

公元前 1700 年开始，我国长江上皮筏商人就使用了损失分担原则。

公元前约 2800 年，古埃及就盛行互助基金组织。

公元前约 3000 年，古埃及穿越沙漠的商队就对走失骆驼实行了互助共济。

公元前916年，西方确立了"共同海损"原则。

2. 风险汇集与转移的意识与实践

中国历史上曾经盛行500年之久的镖局实际上就是典型的风险汇集与风险转移机构。

在镖局出现前，中国历史上与镖局性质差不多的机构是驿站。最早的驿站可以追溯到隋唐年间，但当时的驿站仅为朝廷押送往来信件。一般民间的商业往来并无安全保障机构。到了清朝早期，随着中国金融业的兴起，民间对商业往来安全保障机构的需求逐渐凸显出来，这就催生了镖局。镖局又称镖行，是"收人钱财，保人免灾"、凭借武功专门为人保护财物或人身安全的机构。根据近代学者卫聚贤所著的《山西票号史》披露，镖师之鼻祖，应当为山西人神拳张黑五，所谓"合吾一声镖车走，半年江湖平安回"中的合吾实指黑五。清乾隆年间，张黑五在北京前门外大街创立兴隆镖局。

镖局实际上就是一家风险汇集机构，它将不同风险主体面临的远距离运送信、票、银、粮、物、人六类风险汇集起来承担；它同时又是风险转移的受体，那些面临远距离运送信、票、银、粮、物、人等风险的风险主体将该风险转移给镖局。这类似后来的保险公司（更贴切点：是运输公司和保险公司的合体）。

（二）工业革命与安全生产

现代工业革命使社会生产力得到了空前发展，社会财富因此迅速增长且高度集中。但与之相伴的是安全事故也不断发生，造成的财产损失和人身伤害也极为严重。这不仅影响企业正常的生产经营活动，有时甚至危及企业的生存。于是，安全生产与安全管理提到企业日常管理议程。

典型事件之一是1906年美国钢铁公司被迫用"安全第一"取代了"质量第一"。1906年，美国US钢铁公司由于经常发生事故，董事长凯里为了摆脱焦头烂额的困境，从长期接连不断的事故中吸取教训，他将以前公司的口号从"质量第一、产量第二"改变为"安全第一、质量第二、产量第三"。这一口号改变后，从此生产线上就很少再发生事故，而且质量和产量也能得到保证，由于这一变革使得美国US钢铁公司取得了巨大的成功，从而震惊了美国的实业界。1912年，芝加哥的"全美安全协会"专门为企业生产班组制定了安全制度，从此美国的所有班组都将"安全第一"这一口号运用到了生产线上。1917年，英国的伦敦也专门成立了安全协会。"安全第一"这一口号也从此被众多班组和管理者所接受，他们把这个口号引申到各条战线，如今的班组已经将"安全第一"作为班组成员的日常行为准则。

典型事件之二是 1911 年美国纽约市华盛顿广场三角内衣工厂高楼发生的火灾。1911 年 3 月 25 日，美国纽约市华盛顿广场三角内衣工厂高楼发生火灾，导致 141 人死亡。这场发生在人们眼前且被众多纽约人目击的大火唤醒了纽约人的良心，也震动了全美国，并且引发了后来一连串的社会改革。

首先是有了美国劳工部的职业安全与健康管理（OSHA）标准，标准要求所有工厂必须有多种安全出口、畅通无阻的防火安全门以及没有障碍的通道；所有的门在上班时间都不能上锁；建筑物中必须保留消防设备；高楼层必须安装自动喷水灭火系统和便携式灭火器；厂方必须教育员工，让所有的员工都接受正确使用灭火器以及走防火通道和消防演习的培训；必须书写并张贴疏散计划；必须提供书面防火计划；所有具有火灾隐患或含有可能引发火灾化学品的设备都必须经常维护和控制。

其次是强化了政府监管。在这场火灾之前，政府自认为没有立法权而远离企业监管。火灾发生之后，政府无法回避地制定了保护工人的法律。纽约立法机构制定了安全法，美国其他各州也就照着做了。工人们也开始期望工会代表他们表达对安全和待遇的关注。

（三）德国的风险政策、美国企业的保险管理、现代风险管理概念

"一战"后的德国出现严重的通货膨胀，企业经营面临巨大的不确定性。于是德国学者广泛开展了对风险管理技术的研究。1915 年莱特纳（Litner）出版了《企业风险论》。德国的学者们强调风险控制、风险分散、风险补偿、风险转移和风险抵消等风险管理手段。

"一战"后的美国与德国不同，企业面临的是通货紧缩问题。费用管理成为企业经营的重要内容，而如何控制保险费用支出、如何在灾难后获得合理经济补偿成为费用管理的主要内容。这一时期，美国企业开始充分利用保险这一风险转移工具来保护资本，一些企业将保险职能独立出来，并成立了专门的保险部门。保险部门研究风险事故发生的可能性及其造成的后果的严重性，综合分析保险险种、保额、保费，最后确定并购买保险。

其后又发生了两件大事，催生了现代风险管理概念。其一，是 1948 年美国钢铁工人的罢工。1948 年，美国钢铁行业因退休金及团体人身保险的劳工福利问题引起了工人大罢工，时间长达半年之久，劳资双方均损失惨重。人们认识到随着社会福利意识的增强，企业巨额损失机会增加、范围扩大。其二，是 1953

年美国通用汽车公司的大火。1953 年 8 月 12 日，美国通用汽车公司在密执安州利佛尼的一个汽车变速箱工厂发生火灾，损失了近亿美元。

其间学者和一些机构做了大量的总结工作，美国企业决策者们面对巨额财产损失深刻认识到管理风险的重要性，现代风险管理概念也逐步明晰。1952 年美国学者格拉尔发表了《费用控制的新时期——风险管理》，明确提出了风险管理概念，这被多数人认为是风险管理首次以科学概念出现。1963 年美国《保险手册》刊载了《企业风险管理》，1963 年梅尔和赫奇斯出版了《企业风险管理》，1964 年威廉姆斯和汉斯出版了《风险管理与保险》，至此风险管理作为学科进入系统研究阶段。

至 20 世纪 70 年代后期，风险管理已从以保险为核心的风险管理中脱离出来，不再仅以危害性风险、纯粹风险为管理对象，市场上出现了专业的风险管理咨询公司，它也不再是保险公司的附属部门。1975 年美国保险管理学会更名为"风险与保险管理协会"（Risk and Insurance Management Society，RIMS）；1983 年美国风险与保险管理协会在芝加哥通过"101 条风险管理准则"。

（四）金融危机、科技大灾难和国际恐怖袭击凸显了风险管理的重要性

20 世纪 70 年代以来，一系列的金融危机、科技大灾难和国际恐怖袭击使人们对风险管理的重要性有了更深的认识。

1. 金融危机

首先是 1971 年布雷顿森林体系（Bretton Woods System）的解体。布雷顿森林体系是指"二战"后以美元为中心的国际货币体系。两次世界大战之间的 20 年中，国际货币体系分裂成几个相互竞争的货币集团，各国货币竞相贬值、动荡不定。在第二次世界大战后期，英美两国政府出于本国利益的考虑，构思和设计战后国际货币体系，双方于 1944 年 4 月达成"关于设立国际货币基金的专家共同声明"，该声明反映美国"怀特计划"的意志。1944 年 7 月，西方主要国家的代表在美国新罕布什尔州布雷顿森林举行联合国国际货币金融会议，会议上确立了反映"怀特计划"以外汇自由化、资本自由化和贸易自由化为主要内容的多边经济制度，这就是广义上的布雷顿森林体系。不过日常应用中，布雷顿森林体系常常单指该体系中的国际货币体系部分：以黄金为基础，以美元作为最主要的国际储备货币；美元直接与黄金挂钩，各国货币则与美元挂钩，并可按 35 美元一盎司的官价向美国兑换黄金；国际货币基金组织（IMF）则是维持这一体系正常运转的中心机构。布雷顿森林体系的建立促进了战后资本主义世界经济的恢复

和发展。但因美元危机与美国经济危机的频繁爆发，以及制度本身存在的"特里芬难题"缺陷，该体系于 1973 年宣告解体。

该制度的解体使得汇率风险爆发，而一国货币的汇率与该国的利率、通货膨胀率高度相关，这就使得汇率、利率和物价等投机风险日益严重，如何应对这类投机风险成为经济活动中的重要内容。于是外汇期货、期权，利率期货、期权，商品期货、期权等金融衍生工具应运而生，并迅速得到广泛应用。而金融衍生工具有两面性，在应对风险的同时也产生风险，有些衍生金融工具"创新"的初衷就是投机、制造风险，只不过借用了风险管理工具的名声罢了。典型事件包括：1995 年的巴林银行倒闭事件、1995 年中国的"3·27"国债期货事件、2008 年的法国兴业银行事件，特别是 2008 年的美国次贷危机和 2009~2012 年的希腊债务危机，影响巨大而深远。

（1）2008 年的美国次贷危机。从 2000 年起，尤其是网络经济泡沫破碎和"9·11"事件之后，为了遏制美国的经济衰退，美联储主席格林斯潘积极推行低利率政策，仅从 2001 年 1 月到 10 月就 9 次降息，联邦基金利率从年初的 6.5% 降到 2.5%。此后美联储又 4 次降低利率，到 2003 年 6 月达到 1%——过去 46 年以来的最低水平。宽松的货币政策环境反映在房地产市场上，就是住房按揭贷款——无论是固定贷款还是浮动贷款的利率都不断下调。30 年固定按揭贷款利率从 2001 年底的 7% 下降到 2003 年的 3.8%。持续的利率下降创造了充足的流动性，也极大地刺激了美国老百姓的借贷冲动。于是，美国房地产步入了空前的繁荣。从 2001 年开始，美国住房贷款发放额连续 3 年大幅提高，住房销量连年创新高。从 2002 年开始，美国房价进入快速上升时期。房价的上升使购房者产生了"追涨"的心理，使住房需求市场更加旺盛，价格继续攀升。但在房价飞速上涨的同时，美国的居民收入水平并没有相应增长，美国家庭收入在 2001~2005 年不仅没有增长反而有所下降。这时房贷公司开始向更多的低收入家庭放贷——这就是前面所说的次级贷款（次贷）——"次级抵押贷款"的简称。与那些收入稳定、还款能力强的优质客户相比，这些贷款人是信用程度较差和收入较低的借款人，也是"次级客户"。

在贷款利率比较低的 2001~2003 年，低收入家庭尚能承担次级贷款的利息，因此次级贷款的违约率很低。低违约率暂时掩盖了次级贷款的高风险，发放贷款的公司获得了巨大的收益。在示范效应的带动下，更多的公司加入了次级贷款的队伍，次级房贷的规模迅速扩大，其占总抵押贷款的比例也快速上升。风险也在迅速累积。

美国银行很清楚"次贷"的危险性。可银行还是敢贷给这些"次级客户"贷款。因为它们进行了所谓的金融创新，想出了转嫁风险的办法——这就是资产证券化。它们将"次级抵押贷款"设计成"债务抵押债券"（CDO），用"信用违约交换"（CDS）为其作保险。然后把这些产品卖给全世界的投资银行、基金、保险公司乃至普通的投资人。

其实绝大多数参与游戏的人都知道游戏的风险性，但利令智昏，他们都将希望维系在这样一种逻辑上：房价在不断攀升，如果低收入家庭不违约，房贷公司可以获得高利息收益；如果低收入家庭违约，只要收回房产拍卖即可——由于房价不断攀升，拍卖后也不会赔钱。

而历史事实是，由于低标准放贷以及追逐高风险贷款，导致贷款人（特别是信用较低的贷款人）逾期还款的可能性大大增加。而从 2004 年 6 月开始，为了降低通货膨胀的压力，美联储改变了货币政策，低利率开始逆转，经过连续 17 次提息，将联邦基金利率由 1% 提升到 5.25%。利率大幅提升加重了购房者的还贷负担，美国住房市场开始大幅降温，房价突然走低。由于很多购房者无法按期偿还贷款，银行被迫拍卖抵押物来收回贷款，这加剧了市场的恐慌情绪，结果是银行出售房屋后得到的资金不能弥补贷款本息，甚至都无法弥补贷款本金。结果，次级房贷大比例转化为银行的坏账。恶性循环开始了。2007 年 4 月曾被誉为抵押贷款市场中耀眼新星的美国新世纪金融公司破产（新世纪公司一度坐上了美国次级抵押贷款市场的第二把交椅，仅次于汇丰控股，2006 年共发放 516 亿美元次级贷款，被《华尔街日报》列为年度表现最佳的公司之一）。

2007 年 7 月，标准普尔和穆迪两家信用评级机构分别下调了 612 种和 399 种抵押贷款债券的信用等级。8 月 6 日，美国第十大抵押贷款机构——美国住房抵押贷款投资公司正式向法院申请破产保护。2008 年 1 月，美国多家金融机构相继爆出由于次贷影响而出现巨额亏损。3 月，美联储被迫宣布动用 2000 亿美元，以挽救金融市场，但情况并未好转。5 月，美国最大的两家房地产抵押公司——房地美、房利美同时陷入危机，遭到投资者挤兑，公司股票下跌近 90%。9 月 7 日，为了避免"两房"的倒闭给美国的金融和房地产市场带来不可估量的影响，美国政府宣布接管"两房"。

（2）希腊债务危机。根据欧洲共同体部分国家于 1992 年签署的《马斯特里赫特条约》规定，欧洲经济货币同盟成员国必须符合两个关键标准，即预算赤字不能超过国内生产总值的3%、负债率低于国内生产总值的60%。2001年申请加入欧元区的希腊看到自己距这两项标准相差甚远。于是希腊求助于美国投资银行"高盛"。高盛为希腊设计出一套"货币掉期交易"，为希腊政府掩饰了一笔高达10亿欧元的公共债务，从而使希腊在账面上符合了欧元区成员国的标准。这一被称为"金融创新"的具体做法是，希腊发行一笔100亿美元（或日元或瑞士法郎）的10~15年期国债，分批上市。这笔国债由高盛投资银行负责将希腊提供的美元兑换成欧元。等这笔债务到期时，将仍然由高盛将其换回美元。如果兑换时按市场汇率计算的话，就没有文章可做了。事实上，高盛的"创意"在于人为地拟定了一个汇率，使高盛得以向希腊贷出一大笔现金，而不会在希腊的公共负债率中表现出来。假如1欧元以市场汇率计算等于1.35美元的话，希腊发行100亿美元可获74亿欧元。然而高盛则用了一个更为优惠的汇率，使希腊获得84亿欧元。也就是说，高盛实际上借贷给希腊10亿欧元。但这笔钱却不会出现在希腊当时的公共负债率的统计数据里，因为它要10~15年以后才归还。这样希腊有了这笔现金收入，使国家预算赤字从账面上看仅为GDP的1.5%。而事实上2004年欧盟统计局重新计算后发现，希腊赤字实际上高达3.7%，且超出了标准。后来披露的消息更表明当时希腊真正的预算赤字占其GDP的5.2%。远远超过规定的3%以下。除了这笔借贷，高盛还为希腊设计了多种敛财却不会使负债率上升的方法。高盛的这些服务和借贷当然都不是白白提供的。高盛共拿到了高达3亿欧元的佣金。高盛深知希腊通过这种手段进入欧元区，其经济必然会有远虑，最终出现支付能力不足。高盛为防止自己的投资打水漂，便向德国一家银行购买了20年期的10亿欧元CDS"信用违约互换"保险，以便在债务出现支付问题时由承保方补足亏空。

但希腊经济竞争力相对不强，经济发展水平在欧元区国家中相对较低，长期是出口少进口多，在欧元区内长期存在贸易逆差、资金外流，该国又实行欧洲式高福利政策，本来就依靠举债度日且偿债能力有限，为加入欧元而掩盖的债务最终还是暴露出来。

2009年10月，希腊新上任总理帕潘德里欧赫然发现前任给自己留下了巨额财政赤字，不得不对外宣布，2009年政府财政赤字和公共债务占国内生产总值的比例预计将分别达到12.7%和113%，远超欧盟《稳定与增长公约》规定的3%和60%的上限。希腊债务危机由此正式拉开序幕。

希腊债务危机给欧元的前景和希腊人的生活带来巨大影响，虽经多次债务减计，希腊人也经年紧缩经济生活，但危机似乎远未结束。

2. 科技大灾难

自 20 世纪 70 年代后期，一系列科技大灾难引发了人们对科技前景的担忧和质疑。在这些科技大灾难中包括：1979 年 3 月美国三里岛核电站的爆炸事故、1984 年美国联合碳化物公司在印度的毒气泄漏事故、1986 年苏联乌克兰切尔诺贝利核电站核泄漏事故、2011 年日本福岛核电站核泄漏事故，还有 1986 年美国挑战者号航天飞机、2003 年哥伦比亚号航天飞机解体事故。

以下是 1984 年美国联合碳化物公司在印度的毒气泄漏事故和 1986 年苏联乌克兰切尔诺贝利核电站核泄漏事故的简要情况。

（1）美国联合碳化物公司毒气泄漏事故。1984 年 12 月 2 日夜，位于博帕尔市郊的美国联合碳化物公司农药厂内，一个储气罐压力突然急剧上升。储气罐里装着 45 吨液态剧毒物异氰酸甲酯是用来制造农药的原料。3 日零时 56 分，储气罐阀门失灵，罐内的剧毒化学物质以气体的形态迅速向外泄漏并扩散。泄漏出来的毒气越过工厂围墙，进入毗邻的贫民区，贫民区内的数百名居民立刻在睡梦中死去；毒气紧接着飘过 25 平方英里的博帕尔市区，不少市民开始以为是城市遭到了原子弹袭击或是发生了大地震，待得知是工厂毒气泄漏后，全城居民慌忙出逃，然而，很多人在逃跑途中双目失明，甚至一头栽倒在路旁，再也爬不起来。当天晚上有 3000 人丧生，随后又有 1.2 万人死去，另有 55 万人受毒气伤害死亡。

（2）苏联乌克兰切尔诺贝利核电站核泄漏事故。1986 年 4 月 26 日当地时间 1 点 24 分，苏联的乌克兰共和国切尔诺贝利核能发电厂 4 号反应堆发生严重泄漏及爆炸事故，大约有 1650 平方千米的土地被辐射。后续的爆炸引发了大火并散发出大量高辐射物质到大气层中，涵盖了大面积区域。爆炸释放出的辐射线剂量是广岛原子弹的 400 倍以上，30 人当场死亡，上万人由于放射性物质的长期影响而致命或患上重病，至今仍有人因受放射影响而生出畸形胎儿。

这起严重核事故外泄的辐射尘随着大气飘散到苏联的西部地区、东欧地区、北欧的斯堪的那维亚半岛。2005 年一份国际原子能机构的报告认为，到 2005 年时，共有 56 人丧生，包括 47 名核电站工人及 9 名患上甲状腺癌的儿童，并估计大约 4000 人最终将会因这次意外所带来的疾病而死亡。但环境保护组织绿色和平组织 2006 年 4 月 18 日发表报告称，切尔诺贝利核事故导致 27 万人患癌，死亡的人数达 9.3 万。英国两名研究人员的一项研究表明，切尔诺贝利核事故的长期影响可能导致另外 6.6 万人死于癌症。

3. 恐怖袭击

世界上的许多媒体指出恐怖主义的重要根源是美国的中东政策，而美国中东政策源自美国思想界的"文明冲突"论。自 2001 年"9·11"事件开始，恐怖袭击如瘟疫蔓延全球，如何防范恐怖袭击的风险成为地球居民的必修课。

2001 年 9 月 11 日，19 名劫机者分别同时搭乘飞往各地的美国民用航空飞机，这四架客机分别从波士顿、纽瓦克和华盛顿特区（华盛顿杜勒斯国际机场）飞往旧金山和洛杉矶，并在美国上空飞行过程中被劫持。其中两架被恐怖分子劫持的民航客机分别撞向美国纽约世界贸易中心一号楼和二号楼，两座建筑在遭到攻击后相继倒塌，世界贸易中心其余 5 座建筑物也受震而坍塌损毁；另一架被劫持的客机撞向位于美国华盛顿的美国国防部五角大楼，五角大楼局部结构损坏并坍塌；还有一架联合航空公司班机在宾夕法尼亚州尚克斯维尔东南部坠毁。

"9·11"事件是发生在美国本土的最为严重的恐怖攻击行动。袭击造成的直接人员伤亡数是 3201 人死亡、6291 人受伤；事件造成的财产损失各方统计不一，联合国发表报告称此次恐怖袭击使美国经济损失达 2000 亿美元，相当于当年生产总值的 2%。此次事件对全球经济所造成的损害甚至达到 1 万亿美元左右。此次事件对美国民众造成的心理影响极为深远，美国民众对经济及政治上的安全感均被严重削弱。

作为对这次袭击的回应，美国发动了"反恐战争"，2001 年 10 月 7 日美国总统布什宣布开始对阿富汗发动军事进攻；2003 年 3 月 20 日伊拉克当地时间上午，美国开始进攻伊拉克。

（五）风险管理教育

20 世纪 60 年代初，美国大学开始开设风险管理课程。1963 年伊利诺伊大学出版教材《企业风险管理》，1964 年沃顿商学院出版教材《风险管理》，随后许多大学开设了风险管理课程。

到 20 世纪 70 年代，大多数大学的工商管理学院和保险系讲授风险管理课程，许多大学将保险系改为风险管理与保险系，一些保险类学术团体也纷纷改名，例如，"全美大学保险学教师协会"更名为"全美风险与保险学协会"。原有的保险学纷纷更名为风险管理与保险，而近年来更是出现了大量的风险管理课程。

（六）ISO31000《风险管理——原则与指导方针》发布

2009 年 9 月，国际标准化组织发布 ISO31000《风险管理——原则与指导方针》。标志着风险管理理论和实践的初步成熟。

二、风险管理的重要性

无论是个人还是组织，也无论你的个头或规模的大小，在环境面前，都是微不足道的。

蚂蚁在精心经营自己的巢穴时，人类却可能一锹就将蚂蚁连同它们的巢穴抛进水中；乡人在埋头打理自己的生活时，火山或泥石流却可以在瞬间将他们连同村庄、居所一起毁灭。蚂蚁比人类幸福：它们不搭理许多未知，而人类则不得不思考超多的未知。吊诡的是：人类是将自己摆在越来越多的未知面前。

一方面，人类生活、生产占用的空间（广义意义上的空间）越来越大，自然提供的冗余却越来越少。

在判断空间的可利用性上，动植物和远古的人类多尊重万亿年自然选择形成的本能，所以近至数百年、远至数千年前，鲜有人类长时间驻留、居住于活跃的地震带、海啸带、火山带（也许因此才有后来的地理大发现），在一定意义上，地震、海啸、火山爆发较难以大规模波及人类——自然提供了较大的冗余空间。

但现在人类越来越相信自己的智慧（或被迫相信自己的智慧），而不再依靠，也不能依靠本能（记得小时候在乡下笔者能在任何情况下辨认东南西北，而现在这一本能没有了——新生代中很多人也不再具有这一本能）。于是，人类将活动空间义无反顾地推向地震带、海啸带、火山带、寒极、外太空、复杂电磁环境、辐射环境。于是，能毁灭我们的极端自然条件越来越多，且我们离能毁灭我们的极端自然条件也越来越近。

另一方面，人类以探索自然之名、科学探索之名，将人类活动大规模推向电子、电磁、纳米世界，推向化学能、核能世界，人类还有独特、复杂的政治、经济、文化、法律空间，活动规模之大、内容之复杂精细、资本聚集之密集，叹为观止，满眼万紫千红，一派欣欣向荣。可是在我们置身其中的任何一维空间里，我们离危险总是更近，无论我们是个体还是团体，那些毁灭人类及其蜗居的极端条件总是在无意间形成。行人一不留意就可能被转入汽车轮下（缺乏安全行走空间），路人可能瞬间死于高空坠物（很难避开高楼大厦）；汽车电子门锁信号、银行卡信号在毫不知情下被拦截或复制；1986 年发生了人类史上第一个顶级核事故（七级）——苏联的切尔诺贝利核事故，那是在安全性被言之凿凿担保中发生的，直接伤亡人数数以万计（无法精确估计），受到过量辐射的无辜人群人数则达数百万、数千万（无法精确估计）；可怜的是日本，因为国土面积狭小，2011 年发生的福岛核事故，同为七级，最初的定级却为四级、人群撤离范围为10 千米，到最后人群撤离范围为 20 千米。

由于人类自己的创造（包括创造活动及其成果），能毁灭我们的风险源越来越多，我们离能毁灭我们的风险源也越来越近。

所以风险无处不在，我们必须自求多福、管理风险，确保生存。

当然，有人会说，一泡尿能毁灭蚁穴，但对人类并不能构成实质伤害。据说德国奔驰公司董事长埃沙德·路透的办公室里挂着一副巨大恐龙照片，照片下面写着这样一句警语："在地球上消失了的不会适应变化的庞然大物比比皆是。"

马克·丹尼尔在《风险世界》（P15）中说："我们生活在一个风险升高、剧烈变动的世界。无处不见风险激增，包括企业风险、环境风险、政治斗争和军事冲突、犯罪和疾病，以及保留独特文化和精神基础的风险。当复杂的新系统开始互动时，我们甚至要冒无法预测的危险，例如电脑、国际网络，以及现代资本体系。这些互动的新触点会增加多变、繁复的个人风险，扩大人类才开始了解的危害。"他接着说："管理不善加上缺乏领导力，让这个不稳定的时代增加许多不必要的风险和变化。目前全球性危机都有一个固定的模式，即新的全球性威胁加上无效的国家或国际反应。如果危机是以我们面对威胁的能力和准备程度来衡量，那么当我们迈向 21 世纪时，最近的事件只会让我们愈来愈担忧未来。"

实际上，在某种程度上我们都是风险厌恶者——在我们对应的规模上，环境总是那样紧迫，到处充斥着可以毁灭我们的风险源，而我们离它并不遥远。

读者该烦了：究竟如何论述风险管理的重要性？其实，与你们一样，笔者也一直为如何论述风险管理的重要性烦恼了十几年，找不到令笔者满意的说法。最后笔者认为如下的说法也许就够了。

人类行为日益多样、复杂，影响行为结果的因素也日益多样复杂，行为结果的不确定程度加大；这使得如何避免黑天鹅事件的出现以及如何应对黑天鹅事件成为任何一个风险主体的日常功课。

案例：美国长期资本管理公司破产案

以下是美国长期资本管理公司破产的例子，你会从中发现什么呢？

美国长期资本管理公司（Long-Term Capital Management，LTCM），成立于1994年2月，总部设在格林威治，主要从事定息债券工具套利活动的对冲基金。与量子基金、老虎基金、欧米伽基金并称为国际四大"对冲基金"。

其核心成员包括：华尔街债务套利之父、债券运作高手（操盘手）梅里韦瑟（Meriwehter）（此人小时候每次看芝加哥小熊队棒球比赛都会赌一把，下注之前把芝加哥当天的天气预报搞得一清二楚，掌握棒球场的风力和风向）；1997年诺贝尔经济学奖得主莫顿（Merton）和舒尔茨（Myron Schols）；美国前财政部副部长及美联储副主席、公关融资人才莫里斯（David Mullis）；前所罗蒙兄弟债券交易部主管罗森菲尔（Rosenfeld）。LTCM的投资人包括：意大利银行、瑞士信贷、瑞银、美林证券、惠普、花旗集团、麦肯锡、住友银行、英国报诚人寿、圣约翰大学捐赠基金、匹兹堡大学。

成立之初，资产净值为12.5亿美元，到1997年末，上升到48亿美元，净增长2.84倍。每年投资回报率分别为：1994年的28.5%，1995年的42.8%，1996年的40.8%，1997年的17%。1997年最后一个季度还向投资人返还了27亿美元。

成功策略：通过复杂的数学估价模型和电脑精密计算，发现常人难以发现的不正常市场价格差，借助资金杠杆放大作用，入市赚钱。LTCM的每笔核心交易都涉及数百个金融衍生合约。

数据表明LTCM的破产几率是$\dfrac{1}{10^{1024}}$。

然而LTCM还是崩溃了。在经历了前两年每年高达40%投资收益率增长下，1997年LTCM投资收益率仅为27%，与当年美国国债收益率持平。自1998年5月和6月，LTCM开始亏损：住房抵押贷款市场的下挫使LTCM蒙受了严重损失。5月的收益率为-6.42%，6月的收益率为-10.14%，资产下降了约7亿美元。

LTCM崩溃的导火线则是俄罗斯偿付危机：在利率互换中，LTCM向拥有俄罗斯债券的投资银行支付美元浮动利率，收取卢布息票（年利率超过40%）；同时，与别家投资银行签订远期合约，约定在数月后以今天的汇率将收到的卢布利息换成美元（即卖空卢布）。1998 年 8 月 17 日俄罗斯政府宣布卢布贬值，而且禁止国内银行在 1 个月内履行外汇合约。LTCM 在俄罗斯债券上遭受损失（虽然损失并不大）。但随着俄罗斯信用危机发生，国际游资涌向高质量的金融工具（又称安全投资转移，Flight to Quality），首选是最具流动性的美国国债和 G – 7 国的政府债券。全球性的投资狂潮导致了新发行的国债与原先的国债间投资收益率差价的急剧扩大。美国当期国债和非当期国债的利差不降反升，类似的其他收敛交易资产如意大利债券、丹麦抵押债券、拉丁美洲债券等利差不降反升。

　　这完全出乎 LTCM 意料。LTCM 认为应收敛的利差都发散了：当利差逐渐扩大时，LTCM 认为市场总会恢复到正常状况，利差的扩大将为它们提供更大的套利空间，而实际情况是利差扩大后再扩大，直到你破产。

　　LTCM 认为无关联的市场都关联起来了：LTCM 认为不同市场上的不同交易是无关联的或关联极小的，因此只要将投资充分地分散化，则波动率较小。依据历史数据，LTCM 在不同市场进行的交易关联性较小，一般为 0.1～0.3。1998 年 8 月，俄罗斯信用危机转变了市场状况。所有资金从不安全和流动性差的资产上撤离，转向安全和具有良好流动性的资产。这种状况导致许多看上去并不相关的头寸向相同的方向运动，一个市场的下跌引发其他市场的波动，而悲剧的是 LTCM 持有的是不安全和流动性差的资产。

　　LTCM 损失最惨烈的两类交易是互换交易和股票波动率交易。自 20 世纪 90 年代以来，美国的互换利差水平一直保持在 35 个基点左右。但在 1998 年 4 月，美国的互换利差已经上升到了 48 个基点；7 月，上升到 64 个基点；8 月，上升到 76 个基点。高风险债券的市场溢价全面上升，LTCM 在每个市场上都出现了大量亏损。在互换交易中，损失达到了 16 亿美元。而 1998 年夏天，LTCM 仅在长期股票期权这一项交易中就亏损了 13 亿美元。1998 年 8 月 21 日星期五：这一天是基金发展史上最惨痛的一天。美国国债互换利差扩大了 19 个基点（正常市场中的振幅通常为 1 个基点），英国互换利差也显著扩大。仅这一天，LTCM 损失近 55 亿美元。1998 年 9 月 2 日，LTCM 的资本降至 23 亿美元。1998 年 9 月 22 日，LTCM 的资本跌落到 6 亿美元的谷底。1998 年 9 月 23 日纽约联邦储备银行（the Federal Reserve Bank of New York）组织了一次救援，包括旅行者、UBS、美林、J. P Morgen 等 14 家大型的美国和欧洲的金融机构召开会议，商讨挽救 LTCM 的方案。最终，它们同意为该公司注入 36 亿美元的新资本并取得 LTCM 90% 的股权和对其所有重要决策的控制权。

披露的机构和个人的损失状况包括：LTCM 合伙人（ -11 亿美元）；UBS（ -6.9 亿美元）；德累斯顿银行（ -1.45 亿美元）；意大利银行（ -1 亿美元）；住友银行（ -1 亿美元）；瑞士信贷（ -550 万美元）；Liechtenstein 环球信托（ -300 万美元）；美林证券（ -220 万美元）；贝尔斯通高管（ -200 万美元）；麦肯锡高管（ -100 万美元）。

LTCM 的管理者可以用没有想到来搪塞，但为什么没有想到还是值得我们思考。

事实上，金融危机本身就是风险管理和风险监管失控的产物，而在金融危机中因风险管理不善而倒闭、破产的公司远不止 LTCM 一家。在 2008 年开始的金融危机中倒闭、破产的公司就包括：雷曼兄弟、华尔街第四大投资公司，2008年 9 月被迫申请破产保护，美国破产申请史上最大的一家公司；通用汽车，2009年 6 月申请破产保护，美国商业史上最大的寻求破产保护的工业公司；克莱斯勒，2009 年 4 月，是美国破产保护申请史上最大的制造商；贝尔斯登，2008 年 3月被摩根大通收购；美林证券，2009 年 1 月被美国银行收购……

在 2008 年金融危机中，各大金融机构的破产，使得风险管理再度成为理论界研究的热点，雷曼兄弟、美林等公司作为金融巨头，风险管理本身就是其重要的业务，但在危机面前却走向了破产，也使企业界再度意识到风险管理的重要性。

参考文献

［1］F. H. 奈特．风险、不确定性和利润［M］．郭武军，刘亮译．北京：华夏出版社，2011.

［2］Pablo A. Guerron – Quintana, Risk and Uncertainty［J］. Business Review (www. philadelphiafed. org)．

［3］沈嘉倩．日本的风险管理——与武井勋教授对谈［J］．中外企业家，1994（Z1）．

［4］［德国］乌尔里希·贝克．风险社会［M］．何博闻译．南京：译林出版社，2004.

［5］Yates, J. Frank（Ed）, Risk – taking Behavior. Wiley Series in Human Performance and Cognition［M］. Oxford, England：John Wiley & Sons Risk – taking Behavior, 1992.

［6］［美］特瑞斯·普雷切特（S. TravisPritchett）等．风险管理与保险［M］．北京：中国社会科学出版社，1998.

［7］［美］Scott E. Harrington, Gregory R. Niehaus. 风险管理与保险［M］．陈秉正等译．北京：清华大学出版社，2001.

［8］Mark S. Dorfman. 当代风险管理与保险教程（第7版）［M］．齐瑞宗译．北京：清华大学出版社，2002.

［9］许谨良．风险管理［M］．北京：中国金融出版社，2005.

［10］熊福生．风险理论［M］．武汉：武汉大学出版社，2005.

［11］顾孟迪，雷鹏．风险管理（第二版）［M］．北京：清华大学出版社，2009.

［12］孙星．风险管理［M］．北京：经济管理出版社，2007.

［13］卫聚贤．山西票号史［M］．北京：经济管理出版社，2008.

［14］大卫·冯·德莱尔．兴邦之难——改变美国的那场大火［M］．北京：中国政法大学出版社，2000.

［15］马克·丹尼尔．风险世界［M］．汕头：汕头大学出版社，2003.

习 题

一、思考题

1. 如何定义风险？如何定义风险主体？
2. 什么是风险管理？
3. 风险越小越好吗？为什么？
4. 风险管理的内容是什么？
5. 全球化对风险管理的影响？

二、讨论题

法约尔将企业的全部活动分为以下六种：①技术活动（生产、制造、加工）；②商业活动（购买、销售、交换）；③财务活动（筹集和最适当地利用资本）；④安全活动（保护财产和人员）；⑤会计活动（财产清点、资产负债表、成本、统计等）；⑥管理活动（计划、组织、指挥、协调和控制）。

法约尔认为不论企业是大还是小、是复杂还是简单，这六种活动（或者说基本职能）总是存在的。这些职能并不是相互割裂的，它们之间实际上相互联系、相互配合，共同组成一个有机系统来完成企业生存与发展的目的。

请分析企业风险管理活动与企业管理活动的关系、企业风险管理活动与安全活动的关系。

第二章 风险识别与风险分析

传统上，风险管理的前期工作是风险评估（Assessment），包括三项工作，分别是：风险识别（Identification）、风险分析（Analysis）和风险评价（Evaluation）。本章介绍风险识别和风险分析，风险评价我们在下一章介绍。

风险评估工作的起点（也是风险管理工作的起点）是风险识别，即风险主体要弄清楚自己面临或将要面对哪些风险。具体地说就是哪些指标未来的不确定性可能需要加以管理，这些指标的不确定性是由什么事件导致，这些事件的直接原因和间接原因是什么等。

风险识别为风险分析提供对象和基础，而风险分析则是要搞清楚风险指标的风险状态，为风险评价和风险预警提供基础，为风险管理提供工作方向。

第一节　风险要素与风险分类

分类是识别的基础。就像我们要进山识别植物，我们必须先具备植物分类知识一样，要识别风险，我们有必要先了解一下风险分类的一般知识。

一、风险要素

当我们定义风险为行为结果的不确定性而结果在大多数情况下可用数量指标表示时，我们实际上暗示了风险的来源：有些事件可能导致这些指标未来的水平偏离正常的或预期的水平。这些事件我们可以叫作风险事件。比如，汽车车主每年因交通事故导致的经济损失额是我们关心的数量指标，其风险事件就是各种交通事故（更标准的说法是死伤多少人、损毁多少物的交通事故）。

而汽车发生交通事故又有多种原因，可能是驾驶员违章驾驶导致，也可能是刹车失灵等汽车机械故障导致，还可能是天气寒冷、路面结冰导致。这些直接导致风险事件发生的原因是风险事件原因。

但为什么驾驶员会违规、汽车为什么会出现机械故障、路况为什么不好，则有更深层次的原因，这些有可能导致驾驶员违规、汽车出现机械故障、路况不好的因素叫风险源。

下面，我们来定义风险源、风险事件原因、风险事件和风险后果。

风险源：这样的因素，它们单独或结合在一起，具有引发导致风险事件发生的特定行为、条件或境况的内在潜能。风险源可能是有形的，也可能是无形的。如一个人的身体健康状况、一栋建筑物所处的地理位置、所使用的建筑材料的性质、汽车的刹车系统的可靠性、地壳的异常变化、恶劣的气候、疾病传染等属有形风险源。无形风险源通常与道德和心理相关，即与人类有意识行为相关，如保险投保人或被保险人的犯罪倾向。有时我们也把前者叫客观风险源，后者叫主观风险源。

风险事件原因：直接导致风险事件发生的特定行为、条件或境况。如驾驶员违章驾驶、汽车刹车失灵、路面结冰等。

风险事件：导致风险指标取得特定水平（或发生特定变化）的事件。一个风险事件可能包含多件事，如一起交通事故会有多辆车受损、多人受伤，也可以有多种原因（注意原因与风险源不是完全相同的概念）。

风险后果：风险指标取得的特定值。一个风险事件可以使多个表示行为结果的数量指标取得特定的值。这些特定的值可以有利于风险主体，也可能不利于风险主体。后果可以是质量上的，也可以是数量上的。后果本身又可能成为更高层次风险的风险源或风险事件。比如汽车车主每年因交通事故导致的经济损失额，可以作为我们的风险指标，是风险管理对象；但当我们将风险主体每年意外支出额作为风险指标时，每年因交通事故导致的经济损失额可能就成为其风险事件。

在保险学上，一般提风险三要素：风险因素（风险源）、风险事故、风险损失，称为保险三要素。不过笔者认为分四要素似乎更贴切。即将风险事故分解为风险事件原因和风险事件，前者强调事故的具体原因，后者强调事故的直接结果（直接结果与风险后果相连：如风险事件是死一个人、毁一辆车，而对应的风险后果是经济损失100万元）。

风险四要素具有因果关系，所以，四要素的地位具有相对性，在某些分析中，某要素是后果，在另一类分析中，它可能是风险事件原因或风险源。

二、风险分类

分类必须要有标准。就人类风险而言，可以根据风险主体划分为企业风险、家庭风险、社会风险。如风险是关于企业经济状态的，则风险是企业风险，例如净资产收益率的不确定性、原材料成本的不确定性等；如风险是关于家庭经济状况的，则风险是家庭风险，例如家庭财产总值的不确定性、家庭年收入水平的不确定性等。

风险可以根据风险事件划分，如汽车车主关心的交通事故导致的经济损失这个风险，其风险事件包括汽车追尾伤车、侧翻伤人、迎面碰撞伤车等交通事故，我们就说，汽车车主有汽车追尾伤车风险、侧翻伤人风险、迎面碰撞伤车风险等。

风险可以根据风险事件原因划分，如汽车车主关心的交通事故导致的经济损失的不确定性这个风险，其风险事件原因可能是驾驶员违章、汽车刹车失灵、道路塌陷等，我们就说，汽车车主面临驾驶员违章驾驶风险、汽车刹车失灵风险、道路塌陷风险等。

风险可以根据风险源划分，如汽车车主关心的交通事故导致的经济损失的不确定性这个风险，其风险源包括驾驶员驾驶技术、汽车机械保养状况、路况等，我们就说，汽车车主面临驾驶员驾驶技术风险、汽车机械保养状况风险、路况风险等。

需要注意的是，当按风险源、风险事件划分风险时，我们实际上可以将表示风险源状态、风险事件状态的某些数量指标当成风险管理对象。

我们有时也将风险分为人为风险与非人为风险。这实际上是简单地将风险因素分为人为因素和非人为因素。

常用的风险分类还有如下几种：

1. 纯粹风险和投机风险

纯粹风险是指当风险事件发生（或不发生）时，其直接后果是人类财富的损失，只是损失的大小不同而已。无人能直接从风险事件中获益（但不排除间接有人从中获益。我有一个朋友是开修车行的，我开车出了交通事故大多给他打电话，每次接到我的电话，他一定满腔热情，吩咐将车钥匙给他即可。经济学上的破窗理论说的也是这个道理）。即行为结果总是对预期结果（或满意结果）的负偏离。

投机风险主要是价格风险，当风险事件发生时，一些风险主体从中获益，而另一些风险主体则受损。投机风险的风险事件包括：商品价格波动、利率波动、汇率波动等。即行为结果可能是对预期结果的负偏离、也可能是对预期结果的正偏离。20世纪70年代始，金融风险（主要是投机风险）凸显，风险管理也开始大幅度转向应对投机风险。

2. 财产风险、人身风险和责任风险

财产风险是指财产价值增减的不确定性。

人身风险分为生命风险和健康风险。前者是寿命的不确定性，后者是健康状态的不确定性。

责任风险是指社会经济体因职业或合同，对其他经济体负有财产或人生责任大小的不确定性。

3. 自然风险、社会风险、经济风险和政治风险

这是从风险源考虑问题。

自然风险是指自然不可抗力，如地震、海啸、风雨雷电等，带来的我们关心的数量指标的不确定性。

社会风险是指社会中非特定个人的反常行为或不可预料的团体行为，如盗、抢、暴动、罢工等，带来的我们关心的数量指标的不确定性。

经济风险则是风险主体的经济活动和经济环境因素，带来的我们关心的数量指标的不确定性。

政治风险如种族、宗教、战争、国家间冲突、叛乱等，带来的我们关心的数量指标的不确定性。

要注意，这里的社会风险与自然风险等对应（社会是风险源，它导致结果）。在本书第三章中，我们有社会风险的特定概念，与特定概念的个人风险对应（社会是风险主体，它承担风险结果）。

4. 静态风险和动态风险

如果宏观（经济）环境的变化会导致我们关心的风险指标的取值发生变化，那么这种由于宏观（经济）环境的不确定性导致的风险指标取值的不确定性是动态风险。

如果在宏观（经济）环境不变的情况下，风险指标还是具有不确定性，则这种不确定性是静态风险。

三、企业风险和家庭风险

就生活和工作而言，绝大多数人更关心企业风险和家庭风险。

（一）企业的纯粹风险和投机风险

从风险管理的角度讲将企业风险分为纯粹风险和投机风险是较为合理的分类方法之一。

1. 企业的纯粹风险

企业的纯粹风险包括：

（1）财产损失风险。由物理损害、被盗、政府征收而导致的公司财产损失的风险。

（2）法律责任风险。给供应商、客户、股东、其他团体带来的人身伤害或财产损失而必须承担法律责任的风险。

（3）员工伤害风险。对雇员造成人身伤害而引起的赔偿风险。

（4）员工福利风险。由于雇员死、残、病而引起、依雇员福利计划需要支付费用的风险。

（5）信用风险。当企业作为债权人（如赊销、借出资金等）时，债务人有可能不按约定履行或不履行偿债义务；当企业作为债务人时，也可能不能按约定履行或不履行偿债义务。两种情况都会给公司带来额外损失（有些教材将信用风险另列为一类，也有其独特的角度）。

2. 企业的投机风险

企业的投机风险则主要包括：商品价格风险（买价、卖价）、利率风险和汇率风险。

我们也常常根据风险后果的严重程度将企业风险分为致命风险（后果是破产）、严重风险（导致财务危机）、一般风险。我们有时将导致财务危机的严重风险叫作财务风险。

（二）家庭风险

家庭风险可罗列如下：收入风险，如失业、伤残、死亡、衰老都会影响收入水平；医疗费用风险；长寿风险；责任风险，主要源自汽车与住房；实物资产与负债风险，也主要源自汽车与住房；金融资产与负债风险源自股票和债券；等等。

第二节　风险识别

风险识别是指发现、认出及描述风险的过程。风险识别包括风险源识别、风险事件及其原因识别、风险后果识别；风险识别的任务是找出风险主体应该关心其未来不确定性的数量指标（风险指标），以及找出导致不确定性的风险事件及其原因、对应的风险源。以下我们主要从企业的角度考虑问题。

一、风险识别工作的起点与要求

风险识别有两项前期工作，它们包括：

（1）全面了解风险主体的活动内容（可以称为风险主体的内部环境）。

比如要进行企业风险识别，就要全面了解企业生产经营过程、企业经营目标。

（2）了解风险主体的活动环境等（可以称为风险主体的外部环境）。

比如要进行企业风险识别，就要了解企业生产经营环境，包括政治环境、经济环境、文化环境、法律环境和自然环境。

这两项工作有时我们也叫建立风险管理环境。其目的一是找出风险标准（评价风险重要性的依据）。因为与风险标准对应的风险指标往往就是风险管理对象，比如巴塞尔协议（法律环境）要求银行资本充足率不能低于8%，这里资本充足率8%是一个风险标准，而其中资本充足率就成为我们必须管理的风险指标。目的二是分析与风险标准对应的风险指标的内涵，找出影响其不确定性的因素，比如银行资本充足率是如何定义的？指标的含义是什么？在指标计算公式中，分子由哪些部分构成、分母由哪些部分构成？哪些因素更重要？等等。

从管理学上讲，风险识别的基本要求是：全面性、系统性、连续性和制度化。

二、谁来识别风险

必须明了风险管理是风险主体的事，事可以请人做，但风险主体必须具备请合适的人做合适的事，并正确评估结果的能力。就风险识别而言，风险主体有如下选择。

（1）风险主体自己识别风险。

（2）风险主体委托风险管理中介机构识别风险。

（3）风险主体与风险管理中介联合进行风险识别。

三、风险识别的基本思路

（一）通过内外环境分析确定风险指标体系

风险识别，首先是通过内外环境分析来确定重要的风险管理对象（风险指标）。

比如中国《证券公司风险控制指标管理方法》第十九条规定：

证券公司经营证券经纪业务的，其净资本不得低于人民币 2000 万元。

证券公司经营证券承销与保荐、证券自营、证券资产管理、其他证券业务等业务之一的，其净资本不得低于人民币 5000 万元。

证券公司经营证券经纪业务，同时经营证券承销与保荐、证券自营、证券资产管理、其他证券业务等业务之一的，其净资本不得低于人民币 1 亿元。

证券公司经营证券承销与保荐、证券自营、证券资产管理、其他证券业务中两项及两项以上的，其净资本不得低于人民币 2 亿元。

这里即提出了风险标准——净资本人民币 2000 万元、5000 万元、1 亿元、2 亿元；也产生了风险管理对象，即风险指标——净资本。

又比如我国《证券公司风险控制指标管理方法》第二十条规定，证券公司必须持续符合下列风险控制指标标准：

（1）净资本与各项风险资本准备之和的比例不得低于 100%。

（2）净资本与净资产的比例不得低于 40%。

（3）净资本与负债的比例不得低于 8%。

（4）净资产与负债的比例不得低于 20%。

这里直接提出了四个风险标准，同时也产生了四个风险指标。

通过内外环境分析，分析者应提出主要风险指标的清单，这一清单是进一步具体地查找风险事件、风险原因和风险源的依据，这一清单应在这一过程中不断地得到补充、完善和修改。

（二）建立风险指标、风险事件、事件原因和风险源之间的关系

风险指标清单确定后，我们就要分析对应的风险源、风险事件原因、风险事件，即建立风险源、风险事件原因、风险事件和风险指标间的联系，找到次级风

险管理对象。理论上我们可以应用因果关系图（也称鱼刺图）进行分析。例如分析利润指标时，我们知道利润由收入—支出确定，而收入由销售量和销售价格确定，支出由要素支出和纯粹风险支出构成，这样我们就有可能建立利润指标与售价、售量、要素支出及纯粹风险四个次级指标之间的联系（见图2-1）。这一分析方法在对我们感兴趣的风险指标进行分析时非常有用。而在实际应用中，为防遗漏，我们更多的是用由专业人士设计的调查分析表和其他辅助方法。

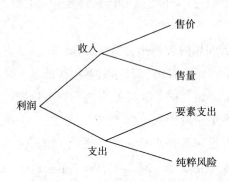

图 2 - 1　风险识别的鱼刺图

四、风险识别的具体方法

（一）基于损失暴露的风险清单

风险清单是由专业人士设计好的标准的表格和问卷，清单试图列出一个风险主体（主要是企业）的所有可能的损失项目（损失暴露）。使用者对清单上的所有项目都要问："我们会面临这样的风险吗？"

风险清单的好处是可以直接使用。对于新公司、初次建立风险管理制度的公司和缺乏专业风险管理人员的公司而言，风险清单经济实用，最少可以帮助他们系统地进行风险识别，并降低遗漏重要风险源的可能性。

风险清单也有局限性：一是风险清单一般是标准化的，缺乏针对性，使用中可能会遗漏特殊行业的特殊风险；二是风险清单多源自保险业，通常仅考虑纯粹风险、不涉及投机风险。风险管理人员在使用中需留意其局限性，注意使用辅助方法以弥补其不足。

常用的风险清单有：风险分析调查表（Risk Anlysis Questionnaire）、保单检视表（Insurance Checklist）和资产—暴露清单（Asset - exposure Analysis）。

1. 风险分析调查表

风险分析调查表通常是由保险公司和有关专业学会的专业人员在详细地调查、分析了企业可能遭受的各类风险后做成的报告书，报告书详细开列了企业的所有纯粹风险。本章后附表 2 – 1 是美国管理学会编制的风险分析调查表的表头，而本章后附表 2 – 2 是其第五部分——财物内容表。

2. 保单检视表

保单检视表是将保险公司保单所列风险与风险分析调查表相结合，以问卷的形式制成的表。表格通常由保险业专业人员设计，因而突出了对企业可保风险的调查，而对一些不可保风险的识别则具有相当的局限性。使用该表要求风险管理人员具有丰富的保险专业知识，并对保单性质和条款有较深的了解，这是它的另一局限性。本章后附表 2 – 3 是美国埃特纳意外保险公司（Aetna Casualty and Surety Company）设计的保单检视表（部分内容）。

3. 风险—暴露分析表

风险—暴露分析表也是由专业人士设计的表格，表格也是列举出企业所有资产可能的风险损失，但不仅包含可保风险，也包括不可保的纯粹风险。本章后附表 2 – 4 是一个风险—暴露分析表的框架。

（二）基于企业资产负债与经营活动的风险识别方法

前述基于损失暴露的风险清单方法，本质上是针对保险业务的。而现代企业风险远不只是纯粹风险，风险管理手段也远不限于保险。所以，风险主体有必要在使用风险清单识别风险的同时，结合使用其他针对企业具体资产负债状况和经营活动特点的风险识别方法。常用的基于企业资产负债与经营活动的风险识别方法有财务报表分析法、流程图分析法和现场调查法。

1. 财务报表分析法

财务报表是会计主体对外提供的反映财务状况和经营的会计报表，由资产负债表、损益表、现金流量表或财务状况变动表、附表和附注构成。财务报表以会计准则为编制规范，向所有者、债权人、政府及其他有关各方及社会公众等外部使用者披露。

企业财务报表全面系统地揭示企业一定时期的财务状况、经营成果和现金流量，通过财务报表可以分析企业的盈利能力、偿债能力、投资收益、发展前景等，从而可以揭示企业面临的资产负债风险、经营风险、责任风险和人力资源风险等。

财务报表法由克里德尔（A. H. Griddle）于1962年提出。该方法的优点是：①企业最重要的风险指标，多是财务指标，它们的实际状况很多时候在财务报表中就有描述；②财务报表获得方便；③财务报表因其产生过程受法律严格监管，可靠性较高。

2. 流程图分析法

流程图分析法是通过分析企业的生产、服务经营流程或管理流程来辨识可能的风险。从企业的价值流角度来看，企业的流程可分为外部流程和内部流程。内部流程是企业内部生产制造或服务提供的流程，例如：某钢铁制造企业的铁矿粉造块与炼焦、高炉炼铁、转炉炼钢、钢水连铸、轧钢等；外部流程是指原辅材料的采购、产品的销售以及材料与产品的运输、仓储等。图2-2是简化后的炼铁流程示意图。

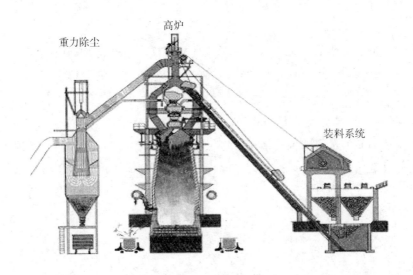

图2-2　炼铁流程示意图

通过内部流程分析能够有效辨识营业中断的风险，而通过外部流程分析能够有效辨识连带营业中断风险。连带营业中断风险主要有供应商风险和客户风险。供应商风险是由于供应商的原因不能提供企业正常生产经营所需的原辅材料或机器设备及备品备件而导致无法正常生产，发生连带营业中断的风险；客户风险是产品的主要消费市场终止购买企业的产品或因为客户财务困难而不能按时支付货款而产生的被迫中断经营的风险。例如：铁矿石的大幅度涨价、海运费率的大幅度上涨、铁路运力的紧张导致产品无法运出等都可能带来连带营业中断的风险。

流程图分析通过分析企业生产制造或管理流程，寻找、辨识关键的风险点，比如何处存在可能导致营业中断的爆炸的可能性、失火的可能性、停机的可能性、运输中断的可能性等，对关键风险点进行技术分析和历史资料分析，确定描述风险事件结果的风险指标、估计风险事件发生的频率、分析风险源。

3. 现场调查法

现场调查法是由风险管理部门、保险公司、有关咨询机构、研究机构对风险主体所属物的状态和人的行为进行现场详尽调查，列出所有可能的物的不安全状态和人的不安全行为，并出具调查报告。

现场调查法的工作程序是：①调查准备工作，包括确定调查的时间、地点、调查对象，准备调查表格和问题，准备工作需谨防忽略和遗漏；②进行现场调查和访问，对经常发生事故的环境和引发事故的操作要密切留意；③撰写调查报告。

风险识别除了这里介绍的方法外，还有其他识别特定类型风险、具体风险的方法，如德尔菲法等。这里不再一一介绍了。

五、风险识别报告

风险识别应以提供风险识别报告结束。风险识别报告应清楚地拟订风险指标清单，具体而全面地描述风险主体各个层级的风险——哪里有需要管理的风险，它们的风险事件及原因、风险源是什么？风险事件的后果是什么？风险报告可以就风险管理措施提出方向性意见。

在一些机构里，风险识别报告是风险预警报告的组成部分。

第三节　风险分析

风险识别后，风险主体就要进行风险分析，为风险评价提供基础。

风险分析是指充分理解风险性质、确定风险等级的过程。其主要目的是尽可能找出风险指标的原始风险状态（也就是把握不确定性状态）。

这里的原始风险状态是指：正常情况下表示行为结果的数量指标的不确定性。

但这不是说我们就一定能找到完整的原始风险状态。一些教科书将风险主体最终对原始风险状态的把握程度分为四个等级：

零级：结果是 100% 的确定值。

一级：未来所有结果及其概率可知。

二级：知道未来会有哪些结果，但发生的概率无法客观确定。

三级：未来的结果与发生的概率均无法确定。

这四个级别的划分有其客观性，即在充分利用了现有资信收集和分析能力的情况下，我们对不确定性的把握可以也只能达到其中的某种级别。而如果我们未尽义务，我们对不确定性的把握未必能达到应达到的级别，这正是风险分析的重要性所在。当然随着资信收集和分析技术的进步，我们对原始风险状态的认识有可能提高。

不过笔者认为上述四级分类法有不妥之处。首先，零级的 100% 的确定状态是一级"未来所有结果及其概率可知"的特例，即零级和一级可以并为一级；其次，现实中我们对原始风险状态的把握程度，从完全可度量（一级）到完全无知（三级），中间并不是只有一个"知道未来会有哪些结果，但发生的概率无法客观确定"的一种中间状态，更多的情况是：我们对结果和结果发生的概率（原始风险状态）、它们的特征不全知但也不是全不知。所以笔者认为将风险主体最终对原始风险状态的把握程度分为三个等级更合理，如表 2 - 1 所示。

表 2 - 1　风险主体对原始风险状态把握程度分级

级别	对风险状态的把握程度
一级	未来所有结果及其概率可知
二级	对原始风险状态（结果和结果发生的概率）或其特征有所了解
三级	未来的结果与发生的概率均无法确定

风险分析一般都是通过对样本值的分析来推导总体分布或特征。即一般通过样本分析估计原始风险状态。以下先介绍四种常用的推导风险状况整体分布情况的基本方法：①直接统计法；②事件概率与风险指标复合统计法（损失概率与损失幅度法）；③回归分析法；④蒙特卡罗方法。

风险分析的其他方法还包括：VaR 计算、压力测试等。这些方法主要用来了解原始风险状态的局部情况或某些特征。

一、直接统计法

直接统计法对样本值（我们所关心的经济指标）直接进行统计分析，得到样本的分布情况，并以此推导总体的概率分布情况。

在直接统计法中，有时我们要判断原始风险状态的分布类型，这时会涉及分布检验的问题；有时我们已知分布的类型，而不知其某些特征值，这时会涉及参数估计及参数检验问题。

更简单明了的方法是根据样本值先画出样本值的分布直方图，并以此代表总体的分布。以下我们介绍直方图画法。

1. 总体、个体、样本、样本值

研究对象的全体为总体、构成总体的每个基本单位为个体。

从总体中抽取有限个个体构成该总体的一个样本。

一个样本中每一个个体对应（你研究）的指标值，是样本值。

如：我们研究的数量指标是：过去一年内一辆车因交通事故导致的经济损失；总体是所有车主；个体是任意一辆车的车主；样本是从所有车主中抽出有限个车主（如 1000 辆车的车主）。样本中，任一车主过去一年内因交通事故导致的经济损失额就是一个样本值。对应一个样本，有对应的一组样本值 x_1，x_2，x_3，$\cdots$，x_n。

2. 直方图

设样本值取自连续型随机变量，一个样本的 n 个样本值为 x_1，x_2，x_3，$\cdots$，x_n。

将样本值的散布范围划分为 m 个小区。在 XOY 平面 X 轴上，各小区对应的宽度依次为：Δx_1，Δx_2，Δx_3，$\cdots$，Δx_m。

设 x_1，x_2，x_3，$\cdots$，x_n 中有 v_j 个落入第 j 个小区，$j = 1$，2，3，$\cdots$，m。

则 v_j 为第 j 个小区的频数、v_j/n 为该小区的频率。

在 XOY 平面上，对应于区间 Δx_j，以 Δx_j 为底、$\dfrac{v_j}{n\Delta x_j}$ 为高，画矩形，所有矩形在平面坐标系中构成的图为直方图。

其中，第 j 个长方形的面积为 v_j/n，所有长方形的面积之和为 1。直方图是

風险管理原理

总体密度函数的一个近似（见图2-3）。

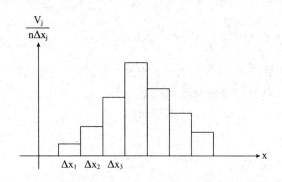

图2-3　直方图是总体密度函数的一个近似

例2-1　设20次交通事故的经济损失资料如下：1000，1901，2900，3500，3900，4600，4800，5100，5150，5200，5400，5800，6100，6500，6800，7100，7900，8200，9210，9800。

我们可以在0~10000中，以2000为一个区间，画出损失额分布的直方图（见图2-4）。

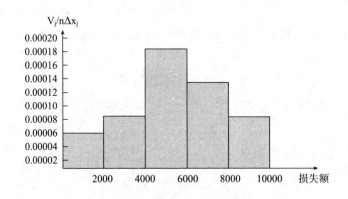

图2-4　损失额分布直方图

二、事件概率与风险指标复合统计法（损失概率与损失幅度法）

有许多风险指标只有少数几种风险事件，这时，可先分析风险事件的概率分布，再分析各事件对应各风险指标的概率分布，从而估计风险指标总体的概率分布。

例如我们关心的经济指标是因交通事故而导致的一辆车一年内的损失额。首先设随机变量 $\xi=0$ 表示不发生交通事故，$\xi=1$ 表示发生交通事故。其次设随机变量 η 是车主因交通事故导致的经济损失额。

如我们得到 $P(\xi=1)=\alpha$，$P(\xi=0)=1-\alpha$

又得到 $\xi=1$ 时（发生交通事故的前提下）经济损失额 η 的分布为

$P(\eta>X/\xi=1)=f(x)$，$x>0$

注意 $\xi=0$ 时，经济损失为 0。

则我们所关心的经济指标 η 的分布计算如下：

$$P(\eta=0)=P(\eta=0，\xi=0)+P(\eta=0，\xi=1)$$
$$=P(\eta=0/\xi=0)P(\xi=0)+P(\eta=0/\xi=1)P(\xi=1)$$
$$=1-\alpha$$
$$P(\eta>x)=P(\eta>x，\xi=1)+P(\eta>x，\xi=0)$$
$$=P(\eta>x/\xi=1)P(\xi=1)+P(\eta>x/\xi=0)P(\xi=0)$$
$$=P(\xi=1)\times P(\eta>x/\xi=1)$$
$$=\alpha f(x)$$

例 2 - 2　根据过去 1 年内发生交通事故情况的统计有如下资料：

大约每 100 辆汽车有 10 辆车发生交通事故；

每次交通事故可能的经济损失是：

损失额	2000	4000	6000	8000	10000	12000	14000
概率	0.10	0.10	0.14	0.30	0.16	0.10	0.10

求：（1）任一辆汽车发生事故且经济损失额不超过 8000 的概率。

（2）每辆汽车因交通事故平均经济损失大约是多少？发生交通事故的汽车平均每辆经济损失大约是多少？

解： 设随机变量 η 是车主因交通事故导致的经济损失额。

设随机变量 $\xi=0$ 表示不发生交通事故，$\xi=1$ 表示发生交通事故。

（1）$P(\eta\leqslant8000，\xi=1)=P(\eta\leqslant8000/\xi=1)P(\xi=1)$
$$=(0.10+0.10+0.14+0.30)\times(10/100)$$

$$= 0.064$$

(2) ① $E(\eta) = 0 \times P(\eta = 0) + \sum \eta i \times P(\eta = \eta i)$

$$= \sum \eta i \times [P(\eta = \eta i, \xi = 1) + P(\eta = \eta i, \xi = 0)]$$

$$= \sum \eta i \times [P(\eta = \eta i/\xi = 1)P(\xi = 1) +$$

$$P(\eta = \eta i/\xi = 0)P(\xi = 0)]$$

$$= \sum \eta i \times P(\eta = \eta i/\xi = 1)P(\xi = 1)$$

$$= (2000 \times 0.10 + 4000 \times 0.10 + 6000 \times 0.14 + 8000 \times 0.30 +$$

$$10000 \times 0.16 + 12000 \times 0.10 + 14000 \times 0.10) \times 0.10$$

$$= 804$$

② $E(\eta/\xi = 1) = \sum \eta i \times P(\eta = \eta i/\xi = 1)$

$$= 8040$$

三、回归分析法

这种方法是基于因果关系，通过分析因的概率分布，再借助因果关系，而得到果的概率分布。

这包括三项工作：确定因果关系、确定因的概率分布、推导果的概率分布。

最简单、最常见的是线性回归分析。而线性回归中常用的原理就是最小二乘原理。

最小二乘原理：

设变量 y 是 x 的线性函数：$y = a + bx$。a、b 是未知常数。要根据 x、y 的 n 次观察值，来确定 a、b 的值。

对每一 x 的观察值 x_i，有一个 y 的观察值 y_i，$i = 1, 2, 3, \cdots, n$。

对每一 x 的观察值 x_i，又可根据 $y = a + bx$ 算出一个 y 的值 $\hat{y}_i$，$i = 1, 2, 3, \cdots, n$。

最小二乘原理要求：我们取的 a、b 应使：$Q = \sum_{i=1}^{n} (y_i - \hat{y}_i)^2$ 最小。

令：

$$\frac{\partial Q}{\partial a} = 0$$

$$\frac{\partial Q}{\partial b} = 0$$

可解得：

$$b = \frac{L_{xy}}{L_{xx}}, \qquad a = \overline{y} - b\,\overline{x}$$

这里：

$$\overline{x} = \frac{1}{n} \sum_{i=1}^{n} x_i, \quad \overline{y} = \frac{1}{n} \sum_{i=1}^{n} y_i$$

$$L_{xx} = \sum_{i=1}^{n} (x_i - \overline{x})^2, \quad L_{xy} = \sum_{i=1}^{n} (x_i - \overline{x})(y_i - \overline{y})$$

线性相关系数：

定义 $r = \dfrac{L_{xy}}{\sqrt{L_{xx} L_{yy}}}$ 是线性相关系数。

其中：$L_{yy} = \sum_{i=1}^{n} (y_i - \overline{y})^2$。

当 $r < 0$ 时，我们说 x 与 y 线性负相关；$r > 0$ 时我们说 x 与 y 线性正相关；$r = 0$ 时，我们说 x 与 y 线性不相关。当 $r = \pm 1$ 时，我们说 x 与 y 完全线性相关；$r = 1$ 时，我们说 x 与 y 完全线性正相关；$r = -1$ 时，我们说 x 与 y 完全线性负相关。

例 2 - 3　设燃气公司冬季某月的收益与当月的天气取暖指数线性相关，相关方程为：

收益 $= 0.1 + 0.05$ 指数

又知道，

指数	200	210	220	230	240	250
概率	0.1	0.1	0.3	0.3	0.1	0.1

求：燃气公司当月收益的概率分布。

解：设燃气公司当月收益为 y，天气取暖指数为 x，则，

当月收益为 y	10.10	10.60	11.10	11.60	12.10	12.60
当月收益为 y 的概率 P（y）	0.1	0.1	0.3	0.3	0.1	0.1

四、蒙特卡罗方法简介

在有些情况下，我们关心的经济指标是由含随机变量参数的方程约定，而方程无法得到解析解。

这时，只要知道随机变量参数的概率分布，就可以用蒙特卡罗方法推导风险指标的近似分布或推导其某些特征。

设 $F(x, \alpha) = 0$ 是一个没有解析解的方程。其中，x 是我们关心的数量指标（随机变量），α 是一个参数，也是一个随机变量，但其分布已知。

这时我们可以用概率发生器产生足够多的 α 的值，α_1，α_2，$\alpha_3 \cdots$；对每一 α_i，$F(x, \alpha_i) = 0$ 变成不含随机变量参数的方程，可以用数值解法求出一个 x_i，这样得到的 x_1，x_2，x_3，$x_4 \cdots$ 可以看作是 x 的一组样本值（现在问题回到直接统计法的应用状态），在一定条件下可以据此推导 x 的分布或其某些特征值。

五、VaR 计算（Value at Risk）

在很多情况下我们无法得到完整的原始风险状态，无法估计、推算原始风险状态。这时，我们会用一些技术去探寻我们特别关心的特定风险事件及其后果的关系或可能性，即我们会试图得到原始风险状态的局部情况。下面我们先介绍常用的 VaR（Value at Risk）的含义与计算。

VaR 有时叫在险值（很多文献中译作风险价值，似不妥），完整的表示是：$\text{Prob}(\Delta p > -\text{VaR}) = 1 - \alpha$。其中 Δp 表示风险主体的净资产在未来 Δt 时间内（如两周——巴塞尔银行监管委员会的做法）的收益。完整的说法是：在未来 Δt 时间内，净资产损失额小于 VaR 的概率为 $1 - \alpha$。$1 - \alpha$ 为置信水平，如图 2 - 5 所示。

一般而言，在险值是指在正常的市场条件和一定的可靠度（通常是 95% ~ 99.7%）下，在一定的持有期间内，某一投资组合预期可能发生的最大损失。比如，某银行将其 1994 年（254 个交易日）的日损益按大小进行排序，就能够得到其日损益的分布图。如果选取的可靠度为 95%，由于观测数据为 254 个，则 95% 的可靠度下的组合的最大损失为左起第 12.7 个（254 × 5%）观测值，假设左起第 12 个观测值为 -1000 万美元（即损失为 1000 万美元），第 13 个观测值是 -900 万美元（即损失为 900 万美元），使用线性插值的方法，可以得到左起第

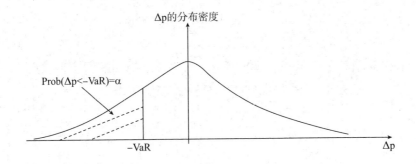

图 2 – 5　总资产损失额小于 VaR 的概率为 $1 - \alpha$

12.7 个观测值为 – 930 万美元，即对应 5% 的最大损失为 930 万美元，这就是 95% 可靠度下的在险价值（这是不太严格的说法）。

这里，我们将风险主体的总资产的变动量作为我们的风险指标。如果我们知道了它的完整分布，当然好；而现实是对于金融机构而言我们几乎不可能知道，或不可能推算它的完整分布，这时我们可能基于环境分析得到了一些风险标准（风险标准的定义我们在下面还会介绍），使我们特别关心出现超过特定损失额情况的概率。

实际上，如果对所有 VaR 值我们都能算出 Prob（$\Delta p > - $VaR）的话，我们是可以得到总资产损失额的完整分布的，而一旦我们知道了完整分布，反映局部情况的 VaR 也许就不那么重要了。实际上，VaR 在使用方面存在局限性，也就是说有时我们算不出 VaR，有时我们算出的 VaR 是不准确的。

六、压力测试（敏感性分析）

压力测试是假设某种事件发生，推导其后果。例如假设我们的风险指标是未来中国进出口额，但要完全掌握未来进出口额的概率分布很难（有时也并非必需），因为影响进出口额的因素，如人民币汇率，其未来值本身可能就是一个分布不确定的随机变量。现实中，货币当局或贸易监管当局也许并不关心或不可能关心未来进出口额的整体概率分布，它们可能更关心未来进出口额这个随机变量的某些局部特征，如当未来人民币汇率在现有水平上升值 10% 或贬值 10% 时（假设其他影响进出口额的因素不变），进出口额有什么变化。又比如货币当局也可能关心银行贷款不良率这个风险指标的某一局部特征，如房价在现有水平上上升 10% 或下降 10% 时（假设其他影响银行贷款不良率的因素不变），银行贷款不良率有什么变化。这项工作在金融学上叫作压力测试。

在工程项目经济效益评估中，我们将类似的工作叫作敏感性分析。假设项目涉及的某些参数变动 ±10%、±20%、±30%，我们来分析投资回收期、净现值或内部收益率的变化，设项目生命周期产生的现金流如图 2-6 所示。

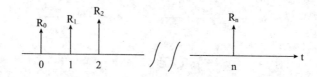

图 2-6　项目生命周期产生的现金流

投资回收期、净现值、内部收益率等指标就由上述现金流量决定。其中相对重要的内部收益率指标 r 通过求解下式得到：

$$\sum_{i=0}^{n} \frac{R_i}{(1+r)^i} = 0 \qquad (2-1)$$

其中，n 是项目生命年限；R_i 是第 i 年项目产生的现金流量。

R_i 是当年净收入额，由采购费用（量和价格）、人工支出（人数和工资水平）、利息支出、销售价格和数量、税收等因素决定。

我们可以假设每一因素的取值水平都是一个随机变量。如果这些随机变量的分布都清楚了，那么理论上 r 的分布就能确定。现实中，我们很难搞清楚这些随机变量的完整分布，替代的做法是，对重要的因素我们假设其取值在预设水平上变动了一定幅度，再分析 r 的变动情况，这就是敏感性分析。

附 表

附表 2-1 风险分析调查表

公司名称	
部门	
通信地址	电话
所收到的信息来自	
信息接收者	
会见日期	报告日期
这份调查表包括:	
基本情况 I	忠诚度表
基本情况 II：金融机构	犯罪部分
基本情况 III：工厂管理	公司运营中断表
建筑物与位置表	公司运营中断损失
财物内容表	确定所需额外保险花费指南
火灾与保险表	运输表
工厂玻璃	船只和飞行器暴露表
电梯	索赔与损失表
锅炉与机器设备	关键人员福利表

资料来源：Daenzer, B. J. Fact-Finding Techniques in Risk Analysis [Z]. American Management Association, Inc., 1970.

附表 2-2 风险分析调查表之财物内容表

1. 机器、设备、工具

（a）重置成本

（b）实现现金价值＿＿＿＿＿＿＿＿＿＿评价基础

（c）抵押情形：名称

　　　　　　　地址

2. 家具、器具、用品

（a）重置成本

（b）实现现金价值＿＿＿＿＿＿＿＿＿＿评价基础

（c）抵押情形：名称

　　　　　　　地址

3. 投资和改良物

（a）设置日期

（b）原始成本

（c）重置成本

（d）实现现金价值

（e）性质和内容

（f）评价基础

4. 存货（原料、在制品、成品）

（a）最高存量—成本＿＿＿＿＿＿＿＿＿＿售价

（b）最低存量—成本＿＿＿＿＿＿＿＿＿＿售价

（c）平均存量—成本＿＿＿＿＿＿＿＿＿＿售价

（d）现行存量—成本＿＿＿＿＿＿＿＿＿＿售价

5. 他人财物因修理、制造、寄售而存放于公司者

6. 有无上述财物之保管责任契约?

7. 受让人之财产＿＿＿＿＿＿＿＿＿＿寄售人

8. 员工用品

9. 有价值的文件和图表

（a）价值＿＿＿＿＿＿＿＿＿＿再制成本

（b）存放何处

（c）性质内容

10. 展销部门的价值

11. 重要标记图记的价值、式样和规格

（a）位于屋内者

（b）位于其他地方者

12. 监视、保管或控制的问题

托管之财物

仓库管理人须负责任吗？

监管人员须负责任吗？

13. 水渍和自动沥水器系统的价值

14. 地震防护

15. 特殊照相器材、科技设备和昂贵用具

16. 有价值的艺术品

17. 电子资料处理设备

（a）假如是自己所有，价值为何？

（b）假如是承租而来，租赁契约副本

（c）假如是承租而来，由谁负损毁的责任？

（d）受损资料的重置费用

（c）卡带有保存副本吗？

存放何处？

（f）有潜在的营业中断情况吗？

（g）他人使用情形_____使用人资格

（h）有关契约责任问题的副本

18. 存货受损情形

（a）间接损失

（b）盗窃损失

（c）冷热导致的损失

19. 牲畜，假如有

20. 作物，假如有

资料来源：Daenzer, B. J. Fact – Finding Techniques in Risk Analysis ［Z］. American Management Association, Inc. , 1970.

附表2-3　美国艾特纳意外保险公司设计的保单检视表（部分内容）

对于那些要投保的风险，下面的每一项都应该在由风险分析调查表得出的事实基础上仔细考虑。对任何一个问题的确定答案都意味着在保单覆盖范围或费率上可能需要改进。

A. 财产损失风险

1. 有需要保护财产损毁的基本防护但未执行的情况吗？

（1）自有建筑物和财物的直接损毁。

（2）由财产损毁导致的间接损失。

（3）他人财产直接损毁。

（4）运送中财产的直接损毁。

2. 被保险的风险保障足够吗？

自有的建筑物和财物

（1）如果保单附有共保条款，保额不少于共保条款之要求吗？

（2）任何一项财产的所有保额不少于其可保价值吗？

（3）财物价值波动剧烈吗？

（4）其他任何地点之财物有未投保之情形吗？

（5）有任何违反保单条款和保证的情形吗？

（6）基本的火灾保险范围可扩大到包含其他危险事故吗？

（7）在任何一个房屋内有自动沥水系统吗？

（8）有易遭受水渍损的财产吗？

（9）有冷冻、空调、锅炉、机器和压缩设备吗？

（10）"噪声公害"保险必要吗？

（11）建筑物内有带核辐射的物品吗？

（12）有正在建造或计划建造的建筑物吗？

（13）现有建筑物有增建或改良的情形吗？

（14）因建筑法令变更所致建造成本的增加有必要投保吗？

（15）重置成本保险有必要吗？

（16）有厚玻璃板类的财物吗？

（17）像铸模、样品、印模等财物有未投保的情形吗？

（18）改良物有未保障的情形吗？

（19）办公室财物特别保障适合吗？

（20）商业保障适合吗？

（21）流动财产保单为财物提供了更好的保障吗？

（22）有期货销售、分期付款销售和特别契约销售的商品吗？

（23）一种"售价"条款应该附上吗？

（24）品牌和标签条款必要吗？

（25）附加任何其他批单可改变保障的情形吗？

间接损失（略）

他人财产（略）

运送中财产（略）

3. 财产保单的签订有不恰当的情形吗？（略）

B. 犯罪损伤暴露（略）

C. 机动车暴露（略）

D. 其他法律责任与员工赔偿暴露（略）

资料来源：《风险管理》编写组．风险管理［M］．成都：西南财经大学出版社，1994.

附表 2 - 4 风险—暴露分析表（框架）

资产

A. 资产

1. 不动产

2. 动产

3. 其他资产

B. 无形资产（不一定在企业资产负债表和损益表中出现的资产）

1. 外部资产

2. 内部资产

损失暴露

A. 直接暴露

1. 不可控制和不可预测的一般损失暴露

2. 可控制和可预测的一般损失暴露

3. 一般的财物风险

B. 间接的或引致的损失暴露

1. 所有直接损失暴露对下列各种人的影响

2. 额外费用——租金、通信、产品

3. 资产集中

4. 风格、味道和期望的变化

5. 破产——雇员、管理人员、供应商、消费者、顾问

……

C. 第三方责任（补偿性和惩罚性损失）

1. 飞行责任

2. 运动——运动队的赞助关系、娱乐设施

3. 广告商和出版商的责任

4. 机动车责任

……

资料来源：宋明哲. 现代风险管理［M］. 北京：中国纺织出版社，2003.

参考文献

［美］尼尔·皮尔逊. 风险预算——利用风险价值解决投资组合问题［M］. 詹原瑞，奚胜田译. 北京：中信出版社，2011.

习 题

一、思考题

1. 风险四要素是什么？四要素的相对性指什么？

· 2. 风险识别的含义是什么？

3. 风险识别的基本思路是什么？

4. 评价基于风险清单的风险识别方法和基于企业财产负债与经营活动的风险识别方法。

5. 风险的含义是什么？

二、计算题

1. 根据过去 1 年内发生交通事故情况的统计有如下资料：

A. 大约每 100 辆汽车有 15 辆车发生过交通事故；

B. 每次交通事故可能的经济损失是：

损失额	2000	4000	6000	8000	10000	12000	14000
概率	0.10	0.10	0.10	0.30	0.20	0.10	0.10

求：

（1）任一辆汽车发生事故且经济损失额不超过 6000 的概率。

（2）每辆汽车因交通事故平均经济损失大约是多少？发生交通事故的汽车平均每辆经济损失大约是多少？

2. 燃气公司冬季某月的收益与当月的天气取暖指数相关，历史数据如下：

指数	200	200	210	220	240	250
收益	40	42	46	51	58	67

求：

（1）收益与指数的相关系数。

（2）最小二乘估计的收益—指数线性相关方程。

（3）设指数概率分布为：

指数	约200	约210	约220	约230	约240	约250
概率	0.01	0.01	0.03	0.03	0.01	0.01

计算：燃气公司当月收益的概率分布。

3. 已知某地区 1 月地面冰冻的可能性如下：

天数	≤10	10～20	≥20
概率	50%	30%	20%

又已知地面冰冻天数 x 与当月交通事故率 y 的关系是：

$$y = \frac{1}{1000}X + \frac{1}{10000}$$

求 1 月交通事故率的概率分布。

4. （接题 3）如保险公司 1 月的赔付额 z 与当月交通事故率 y 的关系为：

$z = 10 + 8000y$，求保险公司 1 月赔付额 z 的分布。

5. 一项资产在未来一年的收益 X 是随机变量，在一年中 X 近似服从均值为 50、方差为 4^2 的正态分布。请计算该项资产在置信度为 90%（$\alpha = 0.10$）情形下的 VaR_α。已知标准正态分布有如下累积概率表：

Values of z for Selected Values of Pr（Z < z）

z	0.842	1.036	1.282	1.645	1.960	2.326	2.576
Pr（Z < z）	0.800	0.850	0.900	0.950	0.975	0.990	0.995

6. 设 x_1，x_2，…，x_n 为相互独立的财富随机变量（n≥2），其未来值依次服从正态分布 $N(\mu_1, \sigma^2)$，$N(\mu_2, \sigma^2)$，$N(\mu_3, \sigma^2)$，…，$N(\mu_n, \sigma^2)$，x_1，

x_2, …, x_n 的当前值依次为 μ_1, μ_2, μ_3, …, μ_n.

证明：对任意置信水平 $(1-\alpha)$，x_j 的在险值大于 $(\Sigma X_i)/n$ 的在险值。

三、讨论题

分析和评价你的《风险管理原理》最后考核成绩水平的风险（列出环境决定的风险标准、风险事件、后果及其发生的可能性）。

第三章　风险评价与风险预警

通过风险分析，我们对风险状态有了了解，接下来的工作就是要解决如何评价风险状态的问题，即风险主体对现有的风险状态满意吗？为什么？这首先涉及可接受风险状态的设定，其次涉及风险状态分级。所谓风险评价，就是将风险分析得到的原始风险状态与可接受风险状态对比，做出是否接受现有风险状态的决定以及是否发出风险预警的决定。本章核心知识点包括：可接受风险状态的概念、风险状态分级的概念、风险预警的概念。

第一节　风险标准与可接受风险状态

一、风险标准

风险标准是由风险主体内部环境和外部环境规定的风险指标必须满足的条件，是评价风险重要性的依据（在本书第五章我们进一步明确了风险标准的含义：风险主体的内部和外部环境对风险指标达到或未达到规定水平时做出的奖惩安排。对同一指标的所有安排会形成风险标准体系：风险主体的内部和外部环境对风险指标达到或未达到各种水平时做出的奖惩安排的总体）。

所有风险标准都是针对风险指标的，所以所有风险标准都对应着风险指标。实际上，风险主体正是通过建立内外环境来确定各类风险标准、找出对应的（或潜在对应的）风险指标，并将风险指标体系化，从而确定风险管理的对象。

产生风险标准的外部环境源主要有：国家、国家部门和地方政府法律、法规和政策，部门和行业标准，竞争对手标准，供应商和客户要求等。

产生风险标准的内部环境源主要有：公司章程、公司股东大会决议、董事会决议等各类公司会议决议、大股东及高级管理人员的承诺、公司的各种规章制度、作业标准等。

在第二章风险识别中，我们提到过来自法规的风险标准。

比如我国《证券公司风险控制指标管理方法》第十九条规定：

"证券公司经营证券经纪业务的，其净资本不得低于人民币 2000 万元。"

"证券公司经营证券承销与保荐、证券自营、证券资产管理、其他证券业务等业务之一的，其净资本不得低于人民币 5000 万元。"

"证券公司经营证券经纪业务，同时经营证券承销与保荐、证券自营、证券资产管理、其他证券业务等业务之一的，其净资本不得低于人民币 1 亿元。"

"证券公司经营证券承销与保荐、证券自营、证券资产管理、其他证券业务中两项及两项以上的，其净资本不得低于人民币 2 亿元。"

这里就提出了各类证券经营机构必须分别满足的一类风险标准：净资本人民币 2000 万元、5000 万元、1 亿元、2 亿元。

《证券公司风险控制指标管理方法》第二十条规定：证券公司必须持续符合下列风险控制指标标准：

（1）净资本与各项风险资本准备之和的比例不得低于 100%。

（2）净资本与净资产的比例不得低于 40%。

（3）净资本与负债的比例不得低于 8%。

（4）净资产与负债的比例不得低于 20%。

这里直接提出了四个风险指标和对应的风险标准。

又比如法律规定某些企业的资产负债率不得高于 70%，法律规定商业银行的资本充足率不得低于 8%，这些都是企业对应风险指标的风险标准。

二、可接受风险状态

（一）定义

可接受风险状态是一类特定的风险状态，当风险指标未来值的分布（风险状态）属于这类风险状态时，风险主体无须采取进一步的风险管理措施。

可接受风险状态是人为确定的，所以我们可以将其叫作可接受风险标准（与风险标准不同，风险标准对于风险管理者——从事风险管理的人——而言具有客观性；而可接受风险标准是由风险管理者确定的，具有主观性）。

例如，一家企业认定资产负债率高于 70% 是完全不可接受的，其可接受风险状态就是：资产负债率低于 70% 的资产负债率分布状态，所有资产负债率不高于70%的资产负债率分布状态都属可接受风险状态。如果风险分析指出这家企业的资产负债率实际或预期分布状态或如图3-1中的A、B、C，则这家企业的资产负债率风险状态是可接受的，风险主体无须采取其他风险管理措施；而如果风险分析指出一家企业的资产负债率实际或预期分布状态如图3-1中的D，则这家企业的资产负债率分布状态就是不可接受的，风险主体需采取必要的风险管理措施。

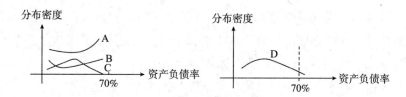

图3-1 如可接受风险状态是资产负债率低于70%，

则风险状态A、B、C都属可接受风险状态的，而D是不可接受的

现在的问题是：企业凭什么规定资产负债率高于70%是完全不可接受的？有1%的可能性大于70%行不行？为什么？

（二）确定可接受风险状态的方法

在很多情况下风险主体可以直接将风险标准与风险分析得到的原始风险状态进行对比、进行风险评价，但从逻辑上讲，风险主体应先确定可接受风险状态，再将风险分析得到的风险状态与之进行对比，以确定风险主体可否接受现有风险状态（原始风险状态）。

可接受风险状态，可以是风险标准规定的指标值对应的特定类型的风险状态，比如企业资产负债率是一个风险指标，对应的风险标准可能就是：资产负债率不得高于70%。如果一家企业就认定资产负债率高于70%是完全不可接受的，那么可接受风险状态就是：资产负债率低于70%。这时我们实际上是将风险标准直接转化为可接受风险状态判定标准。

但在很多情况下我们不能直接用风险标准定义可接受风险状态，因为多数情况下风险标准是用一个值域表示，而可接受风险状态是一类分布，以下我们介绍可接受风险状态的相关知识。

可接受风险状态是一类特定的风险状态，如何划定其范围，要解决两类问题：①用什么工具度量范围？②可接受指标值范围如何确定？

第一个问题涉及如何度量风险，所谓风险测度问题。简单地说就是：给定一个风险状态，用什么尺度确定风险的大小（或优劣）？若无法度量风险的大小（或优劣），我们也就无从谈起哪些（多大的）风险可以接受、哪些（多大的）风险不可接受。第四章我们将全面介绍风险测度方法。但选定风险测度方法则必须由具体的风险管理要求决定，是风险主体必须面对的、困难的决策问题。

第二个问题涉及风险主体承受风险的能力和优化风险状态的能力。

现实中这两个问题被含混地用一个决策问题取代：如何确定可接受风险状态。它既包括风险状态优劣评价标准的选取（用什么描述风险的大小，或称判别指标的选取），又包括可接受范围的划定。

现实中还没有统一的确定可接受风险状态的方法（本书第五章将讨论这一问题）。本章参考文献［1］就决策社会风险（社会作为风险主体）可接受风险状态，提出了三大类基本方法：①专业判断，由合格的专业人员根据专业原则确定可接受风险状态。②步步为营，以过去或现存的可接受风险状态为基础，确定新的、相关风险的可接受风险状态，并通过长期反复的实践来修正新的可接受风险状态。③正规分析，以公认的事实和价值为基础，正式定义推理原则、按推理原则确定可接受风险状态。这些方法对于确定其他风险的可接受风险状态有一定的参考意义。现简介如下。

1. 专业判断

专业判断根据专业原则来源分为经验、技术标准和政府规定三类。通常来源包括：职业经验、行业标准、政府规定。专业判断按其专业类型可以分为：伦理的、质量的、技术（设计）的、绩效的。

2. 步步为营

步步为营有四种典型的方法：风险目录、外现偏好法、内含偏好法、自然标准。

（1）风险目录。用统一的标准来定量各种不同的风险，将估值编辑成详细的表格，这样的表格将帮助决策者产生决策直觉、形成可接受风险状态标准。

R. Wilson（1979）制作了表 3-1，Cohen 和 Lee（1979）制作了表 3-2。这些表告诉我们，那些我们吵吵闹闹的风险（活动）其实算不了什么，而有些我们忽视的风险（活动）可能比我们想象的要重要得多。

表3-1　使死亡率增加0.000001的风险活动

活动	死亡原因
吸1.4根烟	癌症、心脏病
喝0.5升白酒	肝硬化
在煤矿中停留1小时	黑肺病
在煤矿中停留3小时	事故
在纽约或波士顿生活2天	空气污染
乘独木舟行进6分钟	事故
骑自行车行进6英里	事故
坐汽车行进150英里	事故
坐喷气机飞行1000英里	事故
坐喷气机飞行6000英里	宇宙放射线引起的癌症
从纽约到丹佛度假2个月	宇宙放射线引起的癌症
在普通的用石头或砖建成的建筑物中生活2个月	自然放射线引起的癌症
在好的医院做一次X光线检查	放射引起的癌症
与吸烟的人生活2个月	癌症、心脏病
吃40大汤匙花生酱	黄曲霉素B引起的癌症
喝迈阿密饮用水1年	氯仿引起的癌症
喝30罐12盎司的无糖软饮料	糖精引起的癌症
在核电站附近生活5年	射线引起的癌症
喝1000罐24盎司最近刚禁止的塑料瓶中的软饮料	丙烯腈单体引起的癌症
在聚氯乙烯工厂周围生活20年	氯乙烯引起的癌症（1976年的标准）
在一个核电站20英里范围内生活150年	射线引起的癌症
吃100块（木炭烤）牛排	苯并芘引起的癌症
在一个核反应堆5英里以内50年发生事故的风险	射线引起的癌症

表3-2　不同原因引起的估计的预期寿命的损失

原因	天数
没结婚（男性）	3500
吸烟（男性）	2250
心脏病	2100
没结婚（女性）	1600
超重30%	1300

原因	天数
煤矿工人	1100
癌症	980
超重 20%	900
<8 年级的教育	850
吸烟（女性）	800
低的社会经济地位	700
中风	520
在不适宜的状态中生活	500
越南战争士兵	400
吸雪茄烟	330
危险工作、事故	300
用烟斗吸烟	220
每天增加 100 卡食物热量	210
摩托车事故	207
肺炎、流感	141
酒精（美国平均水平）	130
家中的事故	95
自杀	95
糖尿病	95
被谋杀（杀人者）	90
合法药物滥用	90
日常工作、事故	74
溺水	41
放射暴露的工作	40
坠落	39
徒步的事故	37
最安全的工作、事故	30
火灾、烫伤	27
能量产生	24
违法药物（美国平均水平）	18
中毒（固体、液体）	17

续表

原因	天数
窒息	13
枪炮事故	11
自然放射线（BEIER）	8
医用 X 射线	6
有毒气体	7
咖啡	6
口服避孕药	5
脚踏车事故	5
所有大灾难	3.5
食用饮料	2
过氧化酶——抗过氧化酶测试	−4
家中的烟雾警报	−10
车中的安全气囊	−50
移动冠状动脉保护单元	−125
安全改进	−110

资料来源：B. Cohen 和 Lee（1979）。

（2）外现偏好法。研究各种人类已经接受的活动（等同于人类已接受其风险），并认为这些活动带来的风险和利益是平衡的，建立风险和利益数据的关系式，人类新的活动的可接受风险状态标准由该关系式确定。图 3 − 2 是 Fischhoff、Slovic 和 Lichtenstein（1979）提供的风险及其利益的关系图。Thaler 和 Rosen（1976）研究了人们用职业风险交换利益的"市场"行为，结论是需要每年增加约 200 美元的额外费用来促使危险行业（如煤矿）的工人接受每年意外死亡概率 0.001 的增加。按此计算，社会可以接受支付 20 万美元来预防一个工人的死亡（1981 年 Rappaport 的计算结果这一数据是 200 万美元）。

（3）内含偏好法。该办法的前提是，认为法律行为（法律遗产、民事侵权行为案例和行政管理行为）反映了人们的愿望与当前经济和政策的限制之间的折中，体现了人们在以最大的努力满足他们愿望的同时包容充满风险的现实生活。

内含偏好法的做法是，鉴别法律行为内含的风险——利益平衡点，将其作为新风险的可接受风险标准。

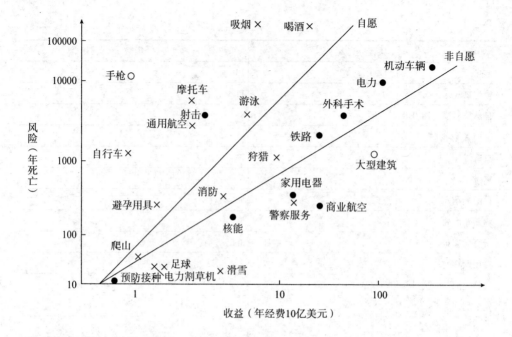

图 3-2 对 25 项活动、技术的风险和收益的一种可能评估

注：如果是自愿的，项目用×标识；如果是非自愿的，项目用●标识；手枪和大型建筑不能简单地分为自愿或非自愿。它们在这里用空心圆标识且没有包含在图中两条回归线的计算中。

内含偏好法当然要依赖一个好的法律体系。

（4）自然标准。前述三种方法都依赖社会的现有决定，难免受到社会错误和不公正的影响。一些人认为有些风险的可接受风险状态标准也许不应受到特定社会的影响，尤其当风险是可叠加、可累积或不可逆时。这时与其去考察人类历史上具有指导意义的某一时期的人类智慧，不如去考察地质时代的生物智慧。

自然标准以地质时代风险指标值的分布范围为基础，或直接使用其为风险指标的可接受标准，或在其上加或减一个波动范围，作为可接受风险状态标准。Settle 和 Patterson（1980）建议食品中铅的含量必须低于在考古中所发现的水平；还有人建议全部核燃料循环对后代的风险应不高于矿石床在被开采前的风险（Rotow、Cochran 和 Tamplin，1979）；国际放射保护委员会建议忽略那些比社会已接受风险小的风险，而接受略高于自然风险的风险（Maxey，1979）。

3. 正规分析

正规分析法的基本过程包括：①定义决策问题，就是列举所有可选择的行为和所有可能的后果；②建立这些可选择的行为和后果之间的关系；③将所有的后果用同样的指标（相同的量纲）进行评价；④行为选择（求解极值问题）。

正规分析法有两种典型的方法：成本—效益分析和决策分析。本质上成本—效益分析是决策分析的特例。在成本—效益分析中，所有的后果用"经济学价值"计量。而在决策分析中，行为的后果未必用"经济学价值"计量，如对治疗某种特定疾病的各种治疗方法治疗效果的评价。

在以上诸多方法中，我们究竟用哪一种方法去确定可接受风险状态，本书建议应从如下方面考虑方法的优劣：全面性、逻辑合理性、实用性、可公开评价性、政治可接受性与传威机构一致性，有利于学习。

其中，全面性是说方法应能明确地并令人信服地处理决策问题涉及的所有因素；可公开评价性是说，方法表明它仅提供一个大致的解决方案，方法欢迎建设性的批评以找出遗漏、错误和隐藏的假设以便在下一轮分析中予以纠正。

这不是说，每一个方法必须在所有这些方面都完全满足要求，而是说在我们选取方法时必须全面考虑每一种方法在每一方面的优劣，经综合评估得到结论。

一项研究认为：专业判断和正规分析更适合处理较大范围的可接受风险状态的确定问题，而步步为营的方法较适合处理较小范围内的可接受风险状态的确定问题；处理某些常规的、分散的可接受风险状态的确定问题时，专业判断具有一定的优势，而正规分析（有时甚至步步为营）在决定新技术命运时更具优势。

本书第五章将确定可接受风险状态域问题划为第一类风险管理决策（区别于风险决策）问题，而风险状态优劣的比较属于第二类风险管理决策问题。对于如何进行风险管理决策，本书第五章是笔者建立的风险管理决策理论，理论提供了风险管理决策的基本思路和方法。

（三）个人可接受风险状态和社会可接受风险状态

在考虑一个行业或一项新技术的可接受风险状态时，人们通常选取的风险指标为个人风险、社会风险和环境风险（对应的可接受风险状态我们有时也叫作可容许个人风险标准、可容许社会风险标准和可容许环境风险标准）。这里的个人风险、社会风险有特定的含义，介绍如下。

1. 个人风险

个人风险是指单位时间内特定区域内的人员因特定事故造成的个体死亡（受害）概率，即单位时间内（通常为年）的个体死亡（受害）率。

以下是一些国家采用的危险化学品单位周边重要目标和敏感场所的个人可接

受风险，如表 3 - 3 所示。

表 3 - 3　可接受个人风险

危险化学品单位周边重要目标和敏感场所类别	可接受风险（/年）
1. 高敏感场所（如学校、医院、幼儿园、养老院等） 2. 重要目标（如党政机关、军事管理区、文物保护单位等） 3. 特殊高密度场所（如大型体育场、大型交通枢纽等）	$<3 \times 10^{-7}$
1. 居住类高密度场所（如居民区、宾馆、度假村等） 2. 公众聚集类高密度场所（如办公场所、商场、饭店、娱乐场所等）	$<1 \times 10^{-6}$

在使用个人可接受风险状态标准时，要注意国家经济发展水平差异。国外发达国家的经济、科技水平都高于我国现阶段水平，其风险管理水平也高于我国，所以不能直接引用其可接受风险，应引入修正系数对其进行适当修正，以较合理地确定适合我国现阶段经济发展水平的可接受风险状态。

如某发达地区建筑业的个人可接受风险状态标准为 $<10^{-6}$，要将这一标准引入中国，我们须引入修正系数 D，即基准国（地区）建筑业人均 GDP 与我国建筑业人均 GDP 之比。如该地区年 GDP 为 10000 亿元，建筑业产值占总产值的 5%（建筑业产值为 500 亿元），从业人员 200000 人（人均 250000 元），中国建筑业总产值 20000 亿元，从业人员 4000 万人（人均 50000 元），则修正系数 D = 5，由此可以得到较适合我国经济水平的建筑业的可接受风险状态标准为 $<5 \times 10^{-6}$。

如果某年中国共发生建筑施工伤亡事故 1000 起，死亡 1200 人，则当年中国建筑业个人死亡概率为 1200/4000 万 $=3 \times 10^{-5} > 5 \times 10^{-6}$，由此可知我国建筑业个人风险状态处于不可接受风险状态。

2. 社会风险

社会风险是指单位时间内死亡（受害）人数大于等于 N 的事故数占总事故数的比率（F）。

$$F = \frac{死亡人数大于等于 N 的事故数}{事故总数}$$

可接受社会风险状态通常用社会风险曲线（F - N 曲线）来刻画，见图 3 - 3（图中坐标常常取对数坐标）。如果风险分析得到的社会风险状态（实际 F - N 曲线或预期 F - N 曲线）低于图中可接受 F - N 曲线边界线，该风险状态就是可接受的。

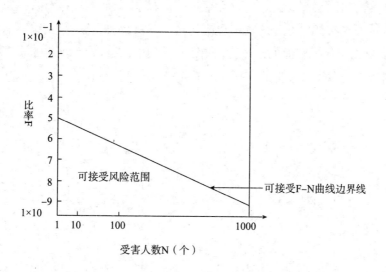

图 3 - 3　可接受社会风险（F - N）曲线

F - N 曲线与坐标轴包围的面积等于每个事故死亡人数的期望值，现实中，这一指标也常常成为真正的风险指标，针对该指标划定的范围成为真正的可接受社会风险。例如我们可以将我国建筑业社会可接受风险状态划定为 < 0. 2525 人／（事故），如果风险分析告诉我们我国建筑业实际的风险状态是 1. 183 人／（事故） > 0. 2525 人／（事故），那么我国建筑业社会风险就是不可接受的，需要加强风险管理，采取控制措施，将风险降低到可接受的水平上。

三、可接受风险、ALARP 风险、不可容忍风险

在现实风险管理中，在确定可接受风险状态的同时，我们常常同时定义 ALARP 风险状态和不可容忍风险状态，即我们常常将风险状态划分为三类：可接受风险状态（Acceptable Risk）、ALARP 风险状态（ALARP Risk）、不可容忍风险状态（Intolerable Risk）。

这一分类方法常常称为"二拉平"原则（As Low As Reasonably Practicable，最低合理可能原则）。

例如，对于上面我们讨论的社会风险，在确定可接受 F - N 曲线边界线的同时，我们会设定 ALARP F - N 曲线边界线，从而将整个风险状态域划分为三个区

域：可接受、ALARP、不可容忍。风险分析得到的实际（或预期）的风险状态（F－N 曲线），如有部分落入不可容忍区，则风险状态是不可容忍的，如图 3－4 中的 B 线；如没有任何部分落入不可容忍区、而有部分落入 ALARP 区，则风险状态需要 ALARP（见下面的介绍），如图 3－4 中的 A 线；如所有部分都在可接受区，则风险状态是可接受的，无须采取任何风险管理措施。

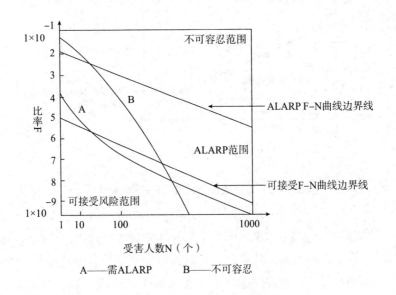

图 3－4 社会风险的 F－N 曲线边界线

ALARP 的含义是：落入该范围的风险状态，应在合理原则下尽可能地降低风险（改进风险状态）。

第二节 风险分级与风险预警

一、风险分级

（一）风险分级的概念

如前所述，风险评价就是要将风险分析的结果与可接收风险状态进行对比，以确定风险的等级、决定风险主体能否接受当前的风险状态，并就是否发出风险预警、发出哪一级风险预警做出决定。所以，在风险评价前，我们不仅需要预先确定可接受风险状态，还要将整个风险状态域（所有可能的风险状态的集合）划分为若干个区域、并定义每个区域的等级（落入该区域的风险状态是否可接受；当风险状态落入该区域时是否应发出风险预警、应发出哪一级风险预警、是否采取其他风险管理措施、应采取哪一类风险管理措施），后一项工作我们叫作风险分级。

一些教科书常将企业风险分为以下三个等级：致命风险（后果是破产）、严重风险（导致财务危机）、一般风险。这种分类显然仅强调"后果"而未充分考虑后果的"可能性"。

在上一节，我们用"二拉平"原则（As Low As Reasonably Practicable，最低合理可能原则）将风险状态域分为可接受风险状态、ALARP 风险状态和不可容忍风险状态，就是一种风险分级。这种方法被广泛采用，在我们的风险分级仅考虑"后果"时，可以采用；在我们的分级还考虑"可能性"时，也可以采用。

还有许多具体的风险分级的方法，这里不再一一介绍。

（二）多风险分级

当风险主体面对多个风险指标时，一个重要的问题是，哪些风险更重要？这时，如果两个风险指标的量纲不同，比较不同风险的重要性会变得较困难，所以，对于多个风险指标，最好先将其量纲一致化。

现实中得到广泛应用的一种对多个风险指标进行分级的风险分级方法是风险坐标图（也叫风险矩阵图），该方法就是将所有不同量纲的风险指标都用两个尺度刻画：后果的不满意度和可能性。风险坐标图是把后果、后果发生的可能性的高低作为两个维度绘制在同一个平面上（即绘制成直角坐标系）。可以采用定性和定量等方法对风险后果、后果可能性的高低进行分析和评估。其中，定性方法是指直接用文字描述风险后果、后果发生可能性的高低，如"极低""低""中等""高""极高"等；定量方法是指对风险后果、后果发生可能性的高低用具有实际意义的数量进行描述，如对可能性的高低用概率来表示，对后果用损失金额来表示。

应用风险坐标图的一般步骤包括：

（1）制作风险矩阵图，定义风险等级。

（2）列出所有风险指标。

（3）依次估计这些风险指标的取值（在定性分析时可用低、中、高或发生、不发生或 0~10 表示）。

（4）再依次估计这风险指标的取值的可能性（也可用低、中、高表示，或用数字 0~10 表示）。

（5）在风险矩阵图上标出所有风险，对不同类别的风险分别决策采取何种风险管理措施。

现实中将风险分为多少个等级、如何分级，要根据风险管理的需要。我们可以将风险分为四个等级（见图 3-5）：

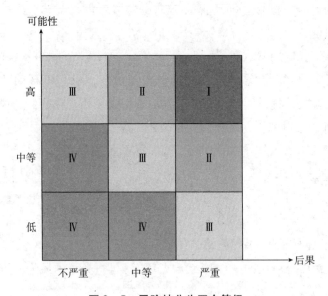

图 3-5　风险被分为四个等级

（1）Ⅰ区域：不可接受，应该不惜成本阻止其发生。

（2）Ⅱ区域：应安排合理的费用来阻止其发生。

（3）Ⅲ区域：应采取一些合理的步骤来阻止发生或尽可能降低其发生后造成的影响。

（4）Ⅳ区域：可接受。

我们也可根据风险管理的需要将风险分为三个等级（见图 3-6）：

（1）Ⅰ区域：不可容忍。

（2）Ⅱ区域：ALARP 区域或 ALARA 区域。

（3）Ⅲ区域：可接受。

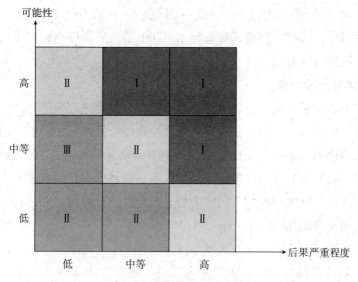

图 3 – 6 风险被分为三个等级

我们还可以更灵活地运用风险坐标图。如某公司对 7 项风险进行定量评价，其中：风险①发生的可能性为 82%，发生后对企业造成的损失为 2200 万元；风险②发生的可能性为 39%，发生后对企业造成的损失为 3600 万元；而风险⑦发生的可能性在 55% ~63%，发生后对企业造成的损失在 7300 万 ~9000 万元，在风险坐标图上用一个区域来表示，这样我们得到风险坐标图（见图 3 – 7）。该图给我们提供了一个我们面对的风险的总体态势。

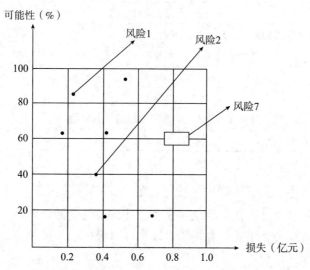

图 3 –7 风险坐标图提供了一个我们面对的风险的总体态势

细心的读者应该注意到了：在统一量纲后，我们其实只面对一个风险指标——损失指标，这时，所谓风险坐标图实际上是风险事件坐标图，所谓风险分级实际上是风险事件分级。

（三）风险向量分级

现实中，有些风险我们是用向量指标表达的（可以称为风险向量），如对企业而言极其重要的财务风险，在我们引入模型和综合指标前，我们一般是用一组财务指标来表达的（即用一个财务指标向量表示财务风险状态）。在引入模型和综合指标后，我们虽然可以用单一风险指标表达财务风险，但也不是在所有情况下都适用。所以，现实中我们有时需要切分风险向量分布域，并进行风险向量分级。这时，前述 ALARP 原则（还有 ALARA 原则）同样可以使用。当然，有时我们可以用更简单的方法，如直接给某些指标划定若干值域，当实际（或预期）的指标值落入某值域时，我们认定发生了或可能发生 A 类风险、当实际（或预期）的指标值落入另一值域时，我们认定发生了或可能发生 B 类风险，等等。

例如对一家股票上市公司而言，我们可以给如下的财务指标直接划定值域（见表 3-4）：

表 3-4　财务指标值域

财务指标	值域
主营业务收入利润率	主营业务收入利润率≤5%
营业利润比重	营业利润比重≤50%
主营业务收入增长率与应收账款增长率比较	主营业务收入增长率≤0 应收账款增长率 – 主营业务收入增长率≥20%
应收账款周转率	应收账款周转率≤行业水平的50%
净资产收益率	净资产收益率≤0 或近3年净资产收益率平均值≤6.5%
现金流量结构分析	经营现金流量比率≤50%

在中国证券市场监管实践中，法律规定表 3-4 的 6 个指标中任意一个指标的实际或预期值在上述范围，就认定发生了或将要发生经营风险。

又比如对一家股票上市公司而言，我们还可以给如下的财务指标直接划定值域（见表 3-5）：

表 3 – 5　财务指标值域

财务指标	值域
资产负债率	资产负债率≥85%
流动比率	流动比率≤125%
速动比率	速动比率≤25%
存货周转次数	存货周转次数≤行业水平的50%
盈利现金比率	盈利现金比率≤1
强制性现金支付比率	强制性现金支付比率≤1

同样，在中国证券市场监管实践中，当这 6 个指标中任意一个指标的实际或预期值在上述范围，我们就认定发生了或将要发生资金风险。

二、风险预警

（一）风险预警的概念

广义的风险预警是指风险预警系统，风险主体通过它来完成采取风险管理措施前的所有风险管理工作，包括风险识别、风险分析、可接受风险状态的设定、风险分级、出现或预期出现何种风险的警报或预报等。

狭义的风险预警是指：将风险分析得到的实际风险状态（或预期风险状态）与可接受风险状态或风险分级标准对比，对出现或预期出现不可接受风险，提请风险主体注意风险、提请采取适当的风险管理措施。

（二）风险预警的起源与发展

动物预警行为不知要追溯到什么年代，人类战争预警行为最少也可追溯几千年。但现代意义上的风险预警意识和行为，其历史就不那么长了。

风险预警的现代意识起源于宏观经济预警，产生于 19 世纪末 20 世纪初。1888 年法国学者在巴黎统计学会上用不同颜色表示不同的经济运行状态，1911 年法国政府设置经济恐慌委员会，1909 年美国学者开始编制经济活动指数，并于 1919 年开始定期发布"美国一般商情指数"（哈佛指数）。但应该说这一时期经济预警的意识并不强烈，哈佛指数未能预测到 1929 年资本主义世界第一次经济危机就是证明。

大萧条后，人们才开始真正关注宏观经济预警。20 世纪 40 年代，美国统计学家穆尔第一次将宏观经济指标分为先行、一致和滞后三类，采用多指标综合方法构建了美国宏观经济监测、分析评估和预警系统。其后出现了新的构造预警系统的方法，在经济信息收集和处理方面也有了巨大发展。但直到今天，人们还在沿用穆尔的方法。

在宏观经济预警理论发展的同时，企业危机管理理论开始发展。20 世纪 60 年代，美国学者布莱克（R. Blake）和穆顿（I. Mouton）在研究企业领导行为的有效性时，建立了一个指标体系来评价企业内部的问题，这可看作是企业风险预警思想的萌芽。1966 年美国人比弗（Beaver）建立了用单变量指标评价企业财务状态的模型，这可看作是最早的风险预警模型。1968 年，美国人奥尔特曼（Altman）建立了多变量预测模型——Z 分数模型。至此宏观经济预警理论与企业危机管理理论融合为现代风险预警理论。

（三）预警指标的选取（建立预警模型）

风险预警首先要解决的问题也是确定可接受风险水平问题，问题的第一部分就是如何度量风险（风险测度问题）？简单地说就是：给定一个风险状态（或者模糊地定义了一个风险），用什么指标确定风险的大小（或优劣）？若无法度量风险的大小（优劣），我们也就无从谈起风险多大时要发出预警、多大时不发出预警，更谈不上发出何种预警。

1. 单变量预警模型

单变量预警模型即是运用个别的财务指标来预测财务危机的模型。美国学者 William Beaver 通过对 1954～1964 年的 79 个失败企业和相同数量、相同资产规模的成功企业的比较研究提出了单变量预警模型。他认为预测财务失败的比率有：①现金保障率 = 现金流量/债务总额；②资产收益率 = 净收益/资产总额；③资产负债率 = 负债总额/资产总额；④资产安全率 = 资产变现率 – 资产负债率，其中资产变现率 = 资产变现金额/资产账面金额。

他的研究认为现金保障率能够最好地判定企业的财务状况。其次是资产负债率，并且离失败日越近，误判率越低。

单变量预测模型法简单易懂，但其缺点也较明显。

（1）由于单个比率不像多个财务比率能够反映企业的整体财务状况，所以要求企业在建立模型时要选择最能反映企业财务运行核心特征的财务比率作为预测指标。

（2）企业的核心管理层为了掩盖真实财务状况往往会对某些财务比率进行粉饰，故由这些不真实的财务比率所做出的预警信息就失去了可靠性。

（3）对同一家公司，预测者可能会因使用比率的不同而得出不同的预测结果。

2. 多变量预警模型

多变量预警模型即是运用多种财务比率加权汇总而构成线性函数公式来预测财务危机的一种模型。多变量预警模型中当属美国纽约大学教授 Altman 的 Z - Score 五变量模型的应用最为广泛。它是根据 1946～1965 年，在相当规模及行业里，提出破产申请的 33 家破产企业和 33 家非破产企业作为样本，在经过大量的实证考察和分析研究的基础上，从最初的 22 个财务比率中选择了 5 个，使用破产企业破产前 1 年的数据和非破产企业在相应时段的数据，用统计方法对 5 个财务比率分别给出一定权数，进而计算其加权平均值（即 Z 值）。

Altman 的 Z - Score 五变量模型的函数为：

$$Z = 0.012X_1 + 0.014X_2 + 0.033X_3 + 0.006X_4 + 0.999X_5$$

式中，X_1 表示营运资金÷资产总额；X_2 表示留存收益÷资产总额；X_3 表示息税前利润÷资产总额；X_4 表示普通股和优先股市场价值总额÷负债账面价值总额；X_5 表示销售收入÷资产总额。

由于该模型来自于对上市公司的研究，其应用范围不广，故此后 Altman 重新评估变量 X_4 将其确定为：股票账面价值（所有者权益）／总债务账面价值，新的模型被 Altman 称之为 Z 模型，其基本表达式为：

$$Z = 0.717X_1 + 0.847X_2 + 3.107X_3 + 0.42X_4 + 0.998X_5$$

Z 模型克服了单变量预警模型的缺陷，几乎包括了所有预测能力很强的指标。它除了可预测本企业的财务发展状况外，还可以分析企业的竞争对手、供应商、客户及利益相关公司的情况。

但其局限性在于：①不具有横向可比性，即不可用于规模、行业不同的公司之间的比较。②采用的是按权责发生制编制的报表资料，没有考虑到较为客观的现金流量指标，可能不能真实反映企业现实的财务质量。

当然我们可以对模型进行改进以克服其缺点。

目前，还有其他一些财务预警的分析方法，如人工神经网络分析法等。可见，财务预警模型是随着实际运用的发展而不断完善、更新的。

细心的读者一定注意到了：在 Altman 的 Z - Score 多变量模型中，所涉财务指标是多指标（多变量），但所涉风险指标还是单指标（Z 分数）。

3. 因素预警

如风险指标是定性指标，那么我们可以用因素预警模型。例如，我国对股票上市公司在重大承诺事项、股权变动、管理层变动、变更会计师事务所、抵押担保事项等方面是有严格要求的，达不到这些要求，公司就可能面临停牌、摘牌或其他责任风险。对这类风险我们可以使用因素预警：出现某种因素就发出预警，如表3-6所示。

表3-6　定性风险预警因素

定性指标	触发预警因素
重大承诺事项	存在未履行承诺事项的情况
股权变动	大股东、控股股东发生变化
管理层变动	涉嫌贪污、欺诈、走私等经济犯罪行为；变动频繁
变更会计师事务所	变更原因披露不详细
抵押担保事项	为股东担保、无反担保等防范措施

（四）警限的设计

前面已经说明，风险预警首先要解决的问题是确定可接受风险水平问题，问题的第一部分是如何度量风险。问题的第二部分则是什么时候发出预警。

触发预警的临界指标值叫警限。当评价风险大小（或优劣）的指标值达到或超过该值时，就要发出风险警报。

显然，警限设得太高，会出现该发警报而没有发的情况（漏报）；而警限设得太低，会出现不该发警报而发了警报（错报）的情况。实际上无论警限如何设定，总是存在可能性：该发警报而没有发、不该发警报而发了警报。前者是统计检验上的第一类错误（弃真）、后者是统计检验上的第二类错误（存伪）。

虽然实际问题会告诉我们，什么情况下我们宁愿错报（如预警恐怖袭击）、什么情况下我们宁愿漏报（如司法中的疑罪从无），但如何确定警限总是复杂的决策问题。

多变量财务预警模型中，Altman最后确定的警限是：

当 $Z \geqslant 2.99$ 时，陷入财务困境的可能性很小；

当 $2.7 \leqslant Z < 2.99$ 时，有陷入财务困境的可能；

当 $1.81 \leqslant Z < 2.7$ 时，陷入财务的困境可能性很大；

当 $Z < 1.81$ 时，陷入财务困境的可能性非常大。

这表明，Altman实际上是用了一个综合指标 Z 将多变量问题化为单变量问题，不仅如此，Altman在确定警限时，仅考虑了结果（Z 值的大小），而忽略了可能性（取得该值的概率）。

（五）风险预警制度的核心内容

我们以一家企业财务风险预警制度为例，介绍风险预警制度的核心条款，我们将该公司称为 X 公司。

1. 财务风险等级定义

X 公司财务风险应根据风险估计和预期损失分为 A、B、C 三级。

A 级财务风险是指预期将给本公司带来重大经济损失，甚至影响公司的生存和发展的财务风险。

B 级财务风险是指预期将产生的经济损失较重，影响到公司的正常生产经营和业务开展的财务风险。

C 级财务风险是指预期能带来的一定损失，可能影响公司资金流动、盈利目标实现的财务风险。

2. 财务风险等级的认定

（1）有下列情况之一，经财会人员利用专业知识综合分析评估属实的可认定为 A 级风险：

资产负债率严重偏高，或资金流动性很差，造成单位持久性财务困难的。如资产负债率≥1、流动比率≤0.5。

（2）有下列情况之一，经财会人员利用专业知识综合分析评估属实的可认定为 B 级风险：

单位资产负债率较高，或资金流动性较差，造成单位阶段性财务困难的。如资产负债率≥0.7、流动比率≤1。

（3）有下列情况之一，经财会人员利用专业知识综合分析评估属实的可认定为 C 级风险：

资产负债率偏高，或资金流动性差，有暂时财务困难并存在延续趋势的。

3. 风险预警分级警示报告制度

一般情况下，认定出现 C 级财务风险时应由……及时向……提出警示报告；认定出现 B 级财务风险时应由……及时向……提出警示报告；认定出现 A 级财务风险时应由……向……提出警示报告。

4. 风险警示报告的内容

风险警示报告必须包括：警示的风险级别、认定依据、专业分析过程、风险估计、建议采取的风险管理措施等。

参考文献

［1］［英］巴·费斯科霍夫等．人类可接受风险［M］．北京：北京大学出版社，2009．

［2］［美］尼尔·皮尔逊．风险预算——利用风险价值解决投资组合问题［M］．詹原瑞，奚胜田译．北京：中信出版社，2011．

习　题

1. 风险标准与可接受风险的关系？

2. 确定可接受风险要解决哪两类问题？

3. 正规分析的基本过程是什么？

4. 在考虑一个行业或一项新技术的可接受风险时，人们通常选取的个人风险和社会风险的含义是什么？

5. 什么是风险分级？什么是风险分级的"二拉平"原则？

6. 什么是风险坐标图？用来干什么？

7. 什么是风险预警？

8. 什么是多变量预警模型？

9. 什么是因素预警？

10. 什么是警限？警限设计得不好常会带来哪些错误？

第四章　风险状态优劣评价标准

风险管理的一个基本问题是：如何评价不同风险状态的优劣。在讨论如何确定可接受风险状态时，我们已碰到这个问题。本章我们探讨风险状态优劣评价标准。

为简单起见，在理论分析中，一般分析随机财富指标（或其变动量），收入表现为财富的增加，损失表现为财富的减少。评价不同风险状态优劣的问题简化为：设风险主体面临两个风险指标（随机财富变量）X 与 Y，已知 X 与 Y 的风险状态，问如何评价 X 与 Y 的优劣。这就是所谓的风险测度问题（可以定义为广义随机占优问题）。

评价标准最少应具备完备性（Completeness）、传递性（Transitivity）。

所谓完备性是说，对于任意两个财富风险状态 X、Y，评价标准都应给出优劣的评判；所谓传递性是说，对于财富变量 X、Y、Z，如果 X 优于 Y，Y 优于 Z，则必有 X 优于 Z。

到目前为止，并无公认的评价标准。已有的标准大致分为两类（这是笔者的总结，此前并无其他分类）。

第一类可以称为客观标准：评价标准中不应用有关风险主体的其他信息。即风险状态评价标准仅依赖风险状态本身。但不同标准的应用者需具备一定的特征（实际上，标准是客观的，选用时则要结合主观特征）。

常用客观标准包括：期望价值标准、均值—方差标准、随机占优标准、VaR 标准、ES 标准等。近年来人们围绕一致性风险测度理论做了大量工作。

第二类可以称为非客观标准：评价标准中要运用风险主体的其他信息。如风险主体的经历、财富水平、心理状态等。

非客观标准中广泛应用的、最基本的标准是期望效用标准。近年来，以期望效用标准为基础发展出了一系列的更复杂也更具体的标准。

客观标准是一个（广义）函数，对随机财富变量 X，用 F（X）的（广义）

大小来评估优劣。

非客观标准则是一个（广义）两变量函数，一个变量是随机财富变量 X，另一个是刻画风险主体特征的变量 U，而用 F(X，U) 的（广义）大小来评估优劣。

本章第一节介绍几个常用的客观标准，第二、第三节分别介绍两个非客观标准：期望效用理论和前景理论。

不过本书作者认为任何一个风险状态对风险主体而言都有二重性：或损耗其财富，或增加其财富；风险测度就是要提炼出风险状态在这两方面的特性，所以基本的风险测度有两类：财富损耗测度和财富增加测度。在本章第四节，我们讨论了财富损耗测度和财富增加测度。

第一节 评价风险状态优劣客观标准

所谓风险状态优劣客观标准是指，对于任意风险状态 X，我们有一个函数或函数向量 F，我们用 F(X) 的值来评价 X 的优劣。

一、期望价值标准

最早的也是用得最广泛的标准是期望价值标准（Expected Monetary Value, EMV）。该标准在 1654 年法国数学家费马与帕斯卡间的通信中提出（那时概率论还没有建立起来）。这一风险测度可以表示为 E(W)。

其中，W 是已知概率分布的财富随机变量，E(W) 即是财富的期望值。

这一标准的占优规则（Dominance Rule）是：设风险主体面临随机财富指标 X、Y，若 E(X) > E(Y)，则认为 X 比 Y 优。

例 4 - 1 设汽车车主当前的财富水平为 W_0，现在面临是否要购买汽车保险的问题。若购买汽车保险，保费支出为 2500 元；若不购买汽车保险，相应于可保损失的支出是一个随机变量 Z。设 Z 的概率分布函数为：

损失额（Z）	0	10000	30000
损失概率	90%	5%	5%

显然，若车主选择购买保险，其财富期望为：

$$E(X) = E(W_0 - 2500) = W_0 - 2500$$

若车主选择不购买保险，其财富期望为：

$$E(Y) = E(W_0 - Z) = W_0 - 2000$$

可以看出，采用期望价值标准，车主将选择不购买保险。

又比如，若你按 A 方式工作，最后的收入：

$$p = \begin{cases} 0.3, & x = 10 \\ 0.7 & x = 8 \end{cases}$$

$$E(X) = 0.3 \times 10 + 0.7 \times 8 = 8.6$$

若你按 B 方式工作，最后的收入：

$$p = \begin{cases} 0.2, & x = 12 \\ 0.8 & x = 7 \end{cases}$$

$$E(X) = 0.2 \times 12 + 0.8 \times 7 = 8$$

按 EMV 模型，你应该按 A 方式工作。

对期望价值标准，很早就有人提出质疑。其中最有名的例子也许是圣彼得堡悖论（St. Bertersburg Paradox）。

1713 年，瑞士数学家尼古拉斯·伯努利（Nicholas Bernoulli）提出一个谜题：

乙支付一笔钱给甲后，乙抛硬币，若出现正面，甲给乙 2^1 美元，游戏结束；若出现反面，乙继续抛硬币，若出现正面，甲给乙 2^2 美元，游戏结束；若出现反面，乙继续抛硬币，若出现正面，甲给乙 2^3 美元，游戏结束；若出现反面，乙继续抛硬币，若出现正面，甲给乙 2^4 美元，游戏结束；若出现反面，乙继续……

在这个游戏中，乙收入的数学期望为：

$$(1/2)^1 \times 2^1 + (1/2)^2 \times 2^2 + (1/2)^3 \times 2^3 + \cdots$$

$$= 1 + 1 + 1 + \cdots$$

$$= \infty$$

这就是说，理论上，乙无论付出多少钱玩这个游戏都是可行的。伯努利发现，很少有人愿意支付 10 美元来玩这个游戏。

问题是，你最多肯付多少钱参加这个游戏？

这个问题最早发表在杂志《圣彼得堡》上，所以后来就叫圣彼得堡悖论（St. Bertersburg Paradox）。

现实中，很多人也不接受期望价值标准。比如，所有赌博公司与玩家间的赌博游戏，玩家的期望收入总是负数，但嗜赌者大有人在。所有彩票的期望收入也无一例外为负数，但彩票购买者也大有人在。

二、均值—方差标准

均值—方差标准：风险主体通过比较 X 与 Y 的均值和方差（不再仅是数学期望）来判断 X 与 Y 的优劣，即用向量（E(X)，D(X)）的大小来判断 X 的优劣。运用时，用如下占优规则（Dominance Rule）：当两个随机财富状态的均值相等时，方差小的随机财富状态优；方差相等时，均值大的优；一个的均值大于另一个，而方差小于另一个时，此随机财富状态优。

显然均值—方差标准不能运用于所有的情况（不具备完备性，或者说均值—方差标准是一个有局限性的标准、在理论上有缺陷的标准）。例如，设 X 和 Y 是两个随机财富状态，如果 E(X) > E(Y)，同时 D(X) > D(Y)；或相反，E(X) < E(Y)，同时 D(X) < D(Y)，这时单凭均值—方差我们是无法判定 X 与 Y 的优劣的。

但这不排除在特定领域均值—方差标准有其相对的完美性。比如在证券投资领域，1952 年，马克威茨提出了"证券投资组合理论"，运用的就是均值—方差标准；其后夏普等人在这一基础上提出了资本资产定价模型（CAPM），虽然模型的内容一般用证券市场线方程 $E(r_p) = r_p + [E(r_M) - r_p]\beta_p$ 表达，但能展现均值—方差标准特征的也许是个中的资本市场线（CML）方程——$E(r_p) = r_p + [E(r_M) - r_p]\frac{\sigma_p}{\sigma_M}$，如图 4-1 所示。方程揭示的是在市场处于均衡状态时，所有投资者对风险资

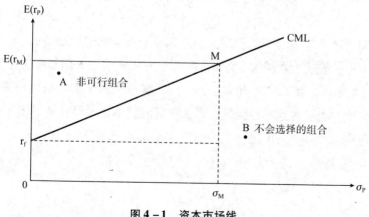

图 4-1 资本市场线

产的投资方式：沿 CML 选择。承担 σ_p 的风险，就期望获得 $E(r_p)$ 的收益率；期望获得 $E(r_p)$ 的收益率，就要承担 σ_p 的风险。在 CML 之外，要么不可能，要么不符合均值—方差标准。至于在 CML 上，则无所谓优劣：在这条线上的情况正如在 $E(X) > E(Y)$ 时却有 $D(X) > D(Y)$。

三、随机占优标准

随机占优（Stochastic Dominance）标准为风险状态排序提供了一个简单的工具（Whitmore 和 Findlay，1978）。我们用一个简单的例子解释随机占优关系：假设风险主体想在两个财富风险状态 X 和 Y 之间做一个选择，如果在未来任何情况下 X 总是超过 Y，只要风险主体是永远不会满足的，那么风险主体不会持有 Y，因为持有 X 得到的结果一般会更好（见图 4-2）。

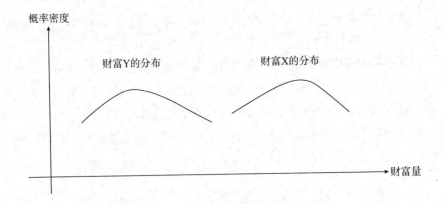

图 4-2　风险主体不会持有 Y 而会持有 X

这个例子仅仅是一阶随机占优（First - order Stochastic Dominance，FSD）的一个特例。更一般地，如果对任意 a，资产 Y 小于或等于 a 的概率大于资产 X 小于或等于 a 的概率，那么资产 X 对资产 Y 是一阶随机占优的。只要投资者的目标是财富最大化，而且永远不会满足，那么投资者就不会选择 Y（见图 4-3）。

虽然存在 X 小于 Y 的可能性，风险主体还是会选择 X。

随机占优关系主要有以下三种：一阶随机占优（FSD）、二阶随机占优（SSD）和三阶随机占优（TSD）。

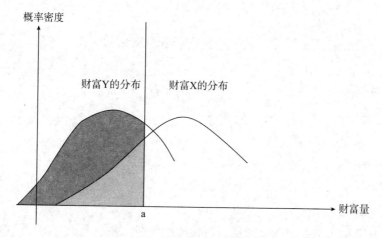

图 4 – 3　一阶随机占优

一阶随机占优的严格定义是：假设 X 和 Y 的累积概率函数（CDF）分别为 F_1 和 G_1，X 对 Y 是一阶随机占优的，当且仅当对任意的 a 有

$$F_1(a) \leq G_1(a) \tag{4-1}$$

即 $P\{X \leq a\} \leq P\{Y \leq a\}$

因此如果 X 的累积概率函数在 Y 的累积概率函数的右边，那么 X 对 Y 是一阶随机占优的（见图 4 – 4）。

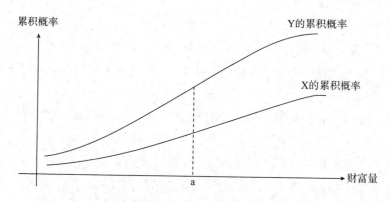

图 4 – 4　X 的累积概率函数在 Y 的累积概率函数的右边

一阶随机占优的条件很强，因此有了二阶随机占优和三阶随机占优。定义 F_2 和 G_2 分别为 F_1 和 G_1 与横轴以及 x = a（a 为任意实数）所围区域的面积，那么 X 对 Y 是二阶随机占优的，当且仅当对任意的 x 有

$$F_2(a) \leqslant G_2(a) \tag{4-2}$$

二阶随机占优允许 X 和 Y 的累积概率函数有交叉的可能。最后，定义 F_3 和 G_3 分别为 F_2 和 G_2 与横轴以及 $x = a$（a 为任意实数）所围区域的面积，那么 X 对 Y 是三阶随机占优的，当且仅当对任意的 x 有

$$F_3(a) \leqslant G_3(a) \tag{4-3}$$

三种占优关系之间的联系是，

$$FSD \subseteq SSD \subseteq TSD \tag{4-4}$$

即存在一阶随机占优时，就存在二阶随机占优，存在二阶随机占优时，就存在三阶随机占优。

如果存在随机占优，投资者持有占优资产预期收益总是更高的，因此理性投资者不会持有不占优的资产。随机占优标准用处有局限性，因为很多风险变量间（风险状态间）不存在任何阶次的随机占优关系。

四、VaR（在险值）标准

这一标准的占优规则（Dominance Rule）是：在同样置信水平下，在险值小者为优。

20 世纪 90 年代，JP 摩根银行首席执行官 Dennis Weather Stone 向其雇员提出了一个要求：能否在每天下午 4：15 时提出一个数字，使其能够准确地了解银行的风险状况。

这实际上是一个风险测度问题：风险状态的客观标准问题。

即：已知财富随机变量 X，求一个函数 F，要求用 F = F(X) 可以度量 X 的大小或优劣。

显然，σ、E、n 阶距等均可纳入考虑范围。但显然，Dennis 对这些指标不满意，因为：①这些指标不能用于公司多风险因素的情况；②这些指标一般不涉及风险规模；③这些指标无法指导风险控制措施（一般认为）。

J. P. Morgan 的雇员引入了一个指标：在险值 VaR（Value at Risk）。

1993 年，由中央银行行长和部分国际金融领域的知名人士组成的 G30 集团发表了题为《衍生产品的实践和规则》的报告，建议以风险资本（Capital - at - Risk）即在险值（VaR）作为合适的风险衡量手段。稍后由 J. P. Morgan 推出了用于计算 VaR 的 Risk Metrics 风险控制模型。

1995 年，美国证券监管当局——证券及交易委员会（SEC）要求美国公司采

用 VaR 模型作为三种可行的披露其衍生交易活动信息的方法之一。

巴塞尔委员会在 1996 年的《资本协议市场风险补充规定》中允许商业银行在风险控制中用 VaR 工具。

2004 年巴塞尔委员会在《统一资本计量和资本标准的国际协议：修订框架》中，基于 VaR 的风险度量模型已被应用于度量商业银行面临的全部三类风险：信用风险、市场风险和操作风险。

那之后，VaR 模型在金融机构风险管理和监管当局市场监督中的作用日益突出。目前国外一些大型金融机构已将其所持资产的 VaR 风险值作为其定期公布的会计报表的一项重要内容加以列示。

但巴塞尔银行监管委员会 2013 年决定逐步弃用 VaR，代之以 ES。

这里再回顾一下在险值 VaR 的定义：$\text{Prob}(\Delta p > -\text{VaR}) = 1 - \alpha$。其中 Δp 表示风险主体的总资产在未来 Δt 时间内（如两周——巴塞尔银行监管委员会的做法）的收益。完整的说法是：在未来 Δt 时间内，总资产损失额小于 VaR 的概率为 $1 - \alpha$，$1 - \alpha$ 为置信水平。

例如，一项资产在未来一年的损失 ΔX 是随机变量，在一年中 ΔX 近似服从均值为 5、方差为 36 的正态分布。请计算该项资产在置信度为 95%（$\alpha = 0.05$）情形下的 VaR_a。已知标准正态分布有如下累积概率表：

Values of z for Selected Values of Pr（Z < z）						
z	0.842	1.036	1.282	1.645	1.960	2.326	2.576
Pr（Z < z）	0.800	0.850	0.900	0.950	0.975	0.990	0.995

标准正态分布的 0.95 分位数是 1.6445。

$\because X \sim N(5, 36)$

$\therefore \dfrac{X-5}{6} \sim N(0, 1)$

$P\left\{\dfrac{X-5}{6} \leqslant 1.6445\right\} = 0.95$

$P\left\{\dfrac{X-5}{6} \geqslant -1.6445\right\} = 0.95$

$P\{X \geqslant -4.867\} = 0.95$

所以，$\text{VaR}_{0.05} = 4.867$

VaR 是 Δt 和 $(1-\alpha)$ 的函数，在一般情况下，随着 Δt 或 $(1-\alpha)$ 的增加，VaR 会增加。$\Delta t - (1-\alpha)$ 这一对参数如何确定，要根据需要（用 VaR 干什么）与可能（数据取得的可能性）决定。J. P. Morgan 在日常风险控制中选择 1 天 -95%，巴塞尔委员会要求 10 个工作日 -99%，金融结算所通常采用 1 天 -99.7% 或 1 天 -99.9%。

五、ES 标准

（一）ES 定义

由于 VaR 没有考虑尾损分布（见图 4 - 5 中"胖尾"和"瘦尾"的区别，图中上半部分是"胖尾"的情况、下半部分是"瘦尾"的情况），人们提出了条件期望值 ES。

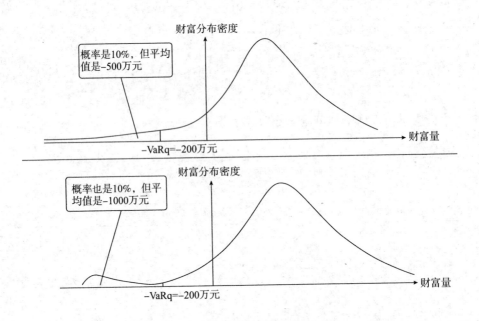

图 4 - 5 "胖尾"和"瘦尾"的区别

ES（Expected Shortfall）指期望损失或叫作期望尾损。

计算 ES 时，要先确定最坏水平 q（分位点），比如，我们关心最坏的 10% 的情况。

对于分位点 q，

$$ES_q = \frac{1}{q} \int_{-\infty}^{-VaR_q} xf(x)\,dx$$

如对于任意 $0 \leq \alpha \leq q$，都可以算出 VaR_α，则 ES 可用如下公式计算：

$$ES_q = -\frac{1}{q} \int_0^q VaR_\alpha\,d\alpha$$

因为，$f(x)\,dx = d\alpha$

$x = -\infty$ 时，$\alpha = 0$；

$x = -VaR_q$ 时，$\alpha = q$；

对任意，$0 \leq a \leq q$，$x = -VaR_\alpha$

所以，有

$$ES_q = -\frac{1}{q} \int_0^q VaR_\alpha\,d\alpha$$

ES 标准是：相同分位点下，ES 大者好。

（二）离散分布的 ESq 计算

如财富变动量是离散分布的，则以最坏情况内各个离散概率占最坏水平的比重为权重，财富变动量的加权平均值为 ES。

例 4 - 2　设初期财富量为 100，期末财富量为：

Probability of Event（%）	Ending Value of the Portfolio
10	0
30	80
40	100
20	150

则财富变动量及其概率分布为：

Probability of Event（%）	Profit
10	-100
30	-20
40	0
20	50

我们可以计算若干分位点的 ES_q：

q（%）	Expected Shortfall ES_q
5	−100
10	−100
20	−60
40	−40
100	−6

$ES_{0.20}$ 的计算：

$$\frac{\frac{10}{100} \times (-100) + \frac{10}{100} \times (-20)}{\frac{20}{100}} = -60$$

ES_1 的计算：

$$0.1 \times (-100) + 0.3 \times (-20) + 0.4 \times 0 + 0.2 \times 50 = -6$$

一般 ES_q 是 q 的增函数，且 ES_q 总是比 $-VaR_q$ 糟糕（最多一样）。

六、极值标准

风险指标是离散型随机变量时，人们还常用如下极值标准。实际上，当风险指标是连续随机变量时，极值标准同样可以使用（实际上这是经济学中的古诺均衡、博弈论中纳什均衡的有关结论）。

1. 乐观主义标准（好中选好）

对随机财富变量 X，用 max(X) 评价其优劣，大者优，小者劣。

2. 悲观主义标准（坏中选好）

对随机财富变量 X，用 min(X) 评价其优劣，还是大者优，小者劣。

3. 折衷主义标准

对随机财富变量 X，先求 max(X) 和 min(X)，再设定折中值 f(0 < f < 1)，最后计算，

$$D = fmax(X) + (1 - f)min(X)$$

D 大者优，小者劣。

4. 等可能性标准

将 X 的每种可能的取值的发生概率看成是相同的，再按期望值标准选优。

七、一致性风险测度

Artzner 等（1999）提出了一致性风险测度（Coherent Measures of Risk）概念。他们认为一种良好定义的风险测度应该满足单调性、一次齐次性、平移不变性和次可加性四条公理，并将满足这些公理的风险测度叫作一致性风险测度。

对于财富随机变量 X，函数 ρ（X）若具备如下四个特征，则称为一致性风险测度。

1. 单调性

$$X_1 \geqslant X_2 \rightarrow \rho(X_1) \leqslant \rho(X_2)$$

如果投资组合 X_1 在任意情况下的价值都比投资组合 X_2 的价值大，则一致性风险测度度量的 X_1 的风险至少不应该比 X_2 的风险大。也就是说，优质资产的风险应该比劣质资产的风险小。

2. 一次齐次性

$$\forall \lambda > 0, \ \rho(\lambda X) = \lambda \rho(X)$$

3. 平移不变性

$$\forall c > const, \ \rho(X+c) = \rho(X) - c$$

即意味着：$\rho(X + \rho(X)) = \rho(X) - \rho(X) = 0$

上式意味着，如果用数量为 ρ（X）的资本或保证金加入到投资组合 X 之中，则恰好可以抵消投资组合 X 的风险。因此，平移不变性公理要求风险测度在数值上就是为抵消投资组合的风险而需要提供的资本或保证金的数量。

4. 次可加性

$$\rho(X_1 + X_2) \leqslant \rho(X_1) + \rho(X_2)$$

次可加性公理意味着，用一致性风险测度度量出来的所有被监管对象的总体风险 A，不能比各单个被监管对象的风险之和 B 大。否则，即使各个被监管对象都设置了足够的资本或保证金 A，也不能保证所有监管对象总的资本或保证金 ρ（Xi）足以抵消整体风险 B，因此监管措施就可能失效了。可见，次可加性公理主要是从保证风险监管有效性的角度提出的，为监管目的而设计的风险测度应该满足次可加性公理。

近年来大量围绕一致性风险测度的研究如火如荼，大量的研究指出，ES（定义与本书定义有一个负号的区别）能满足一致性风险测度的要求，而 VaR 不能满足一致性风险测度的要求。

风险测度理论至今为止仍然是一个有待于进一步开发和完善的领域，有许多值得深入研究的课题。由于现有各种风险测度指标均存在一定的局限性，新的风险测度理论和建立在其之上的新的风险测度指标（性能优良、便于计算、合理检验）是今后值得深入研究的重点和方向。总之，风险测度在投资组合优化中的应用对风险管理实践有较强的指导意义。

第二节　期望效用理论

在非客观标准中，最重要的是期望效用标准。

对于圣彼得堡悖论，尼古拉斯·伯努利的侄子、数学家、物理学家丹尼尔·伯努利（Daniel Bernoulli）在 1738 年进行了解答。

丹尼尔·伯努利的解答里提出了效用的概念，并提出两条重要原理。

（1）边际效用递减原理：

一个人对于财富的占有多多益善，即效用函数一阶导数大于零；随着财富的增加，满足程度的增加速度不断下降，效用函数二阶导数小于零。

（2）最大效用原理：

在不确定条件下，个人的决策行为准则是为了获得最大期望效用值而非最大期望金额值。

丹尼尔·伯努利的这一用拉丁文书写的伟大经济学论文至被发现时已尘封了 200 多年，根本不为经济学家们所知。期间，亚当·斯密于 1776 年提出了序数效用的概念。1944 年冯·诺依曼和摩根斯特思合著的《博弈论和经济行为》一书，第一章就提出了效用的概念，第十二章扩展了效用概念，最后在附录中对效用进行了公理化处理。这时人们才依稀想起丹尼尔·伯努利所提的基数效用概念。1954 年，丹尼尔·伯努利的论文首次从拉丁文翻译成英文。

一、效用（Utility）

效用：金钱财富对人们带来的满足程度，是人们对财富的心理评估。

关于效用的基本假设 1：财富多比财富少好。用函数表示效用时，效用函数是单调上升的，即：$U'(w) > 0$。

关于效用的基本假设2：边际效用递减。用函数表示效用时，效用函数的二阶导数是非正的，即：$U''(W) < 0$。

对同一个人（或机构），在不同财富总水平上，增减等量的财富额度，满足程度的增减量不一定是相等的（不同的人（或机构）在相同财富总水平上，增减等量的财富额度、满足程度的增减量也不一定是相等的）。例如雪中送炭和锦上添花，都表示财富的增加，但一般认为同等额度的财富增加，雪中送炭给人们带来的满足程度的增加要多于锦上添花给人们带来的满足程度的增加。

二、期望效用标准

当面临财富风险状态 X 与 Y 的选择时，若 $E(u(X)) > E(u(Y))$，则认为 X 优于 Y，这就是期望效用标准。

丹尼尔·伯努利对圣彼得堡悖论的解释为：

当一个人的财富在现有财富 w 的基础上增加 Δw 时，其效用也一定是增加的，即 ΔU 与 Δw 成正比，但随着财富的增加，增加相同数量的财富带来的效用的增加量是递减的，即 ΔU 与 w 成反比，丹尼尔·伯努利表达为：

$$\Delta U \propto \frac{\Delta w}{w}$$

接着，丹尼尔·伯努利就给出了一个解：

$$U(w) = \ln(w)$$

在期望价值标准下，乙收入的数学期望为：

$$(1/2)^1 \times 2^1 + (1/2)^2 \times 2^2 + (1/2)^3 \times 2^3 + \cdots$$

$$= 1 + 1 + 1 + \cdots$$

$$= \infty$$

但在期望效用标准下，乙收入的效用的数学期望为：

$$(1/2)^1 \times U(2^1) + (1/2)^2 \times U(2^2) + (1/2)^3 \times U(2^3) + \cdots$$

由于函数 $U(x)$ 上升速度递减。所以，上述效用的期望值可能是有限的（级数可能是收敛的），甚至低于10。例如，如果如丹尼尔·伯努利所设，参与者的效用函数为 $u(w) = \ln(w)$，则有

$$EU = \sum_i p_i \times U(X_i) = \sum_{i=1}^{\infty} \left(\frac{1}{2}\right)^i \times U(2^i)$$

$$= \sum_{i=1}^{\infty} \left(\frac{1}{2}\right)^i \times \ln(2^i)$$

$$= \ln(2) \sum_{i=1}^{\infty} \left(\frac{1}{2}\right)^i \times (i)$$

$$= \ln(2) \times 2$$

$$= \ln(2^2) = \ln(4)$$

因此参与者愿意支付的最大金额为 4 美元。

例 4 - 3 车主保险问题

例 4 - 1 中，设车主的效用函数 U(W) 为（风险厌恶型）：

W	W_0	$W_0 - 2000$	$W_0 - 2500$	$W_0 - 10000$	$W_0 - 30000$
u	0	-0.76×2000	-1×2500	-1.4×10000	-1.5×30000

若车主选择购买保险，则其期望效用为

$E(u(W_0 - 2500)) = -2500$

若车主选择不购买保险，则其期望效用为

$E(u(w)) = 90\% \times 0 - 5\% \times 1.4 \times 10000 - 5\% \times 1.5 \times 30000 = -2950$

所以，按期望效用标准，车主应该选择保险。

请注意上例中的效用函数虽然是离散的，但各取值点的连线满足单调上升且上升速度递减的条件。

三、效用函数基本类型

（一）三种典型的效用函数

图 4 - 6 是三种典型的效用函数曲线。

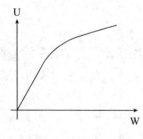
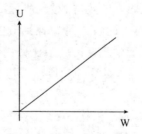
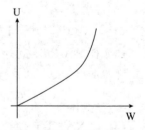

（1）风险厌恶型的效用曲线　（2）风险中性型的效用曲线　（3）风险偏好型的效用曲线

图 4 - 6　三种典型的效用曲线

三种曲线的凸向性如下（见表4-1）。

表4-1 三种曲线的凸向性

风险态度	效用曲线凸向
厌恶型	$U'' < 0$
中性型	$U'' = 0$
趋险型	$U'' > 0$

（二）卡内曼（Kahneman）的效用函数

卡内曼认为人们的风险态度与当前的财富水平有关。卡内曼还认为，对于损失，人们表现为冒险型，对于收益，人们表现为保守型（风险规避型）。卡内曼认为人们最终关心的还是价值，所以效用应由价值取代（见图4-7）。

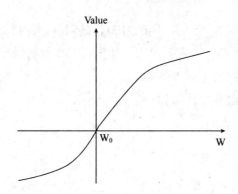

图4-7 卡内曼（Kahneman）的效用函数

（三）关于效用函数的讨论

关于效用函数笔者有如下观点，仅供参考。

所有风险主体有不同的效用函数。人们一般表现为风险规避型。

但环境决定的风险标准足以使人们在不同的财富水平上表现出冒险或避险的巨大差异（效用的突变）。即在现实中，效用函数可能既不是三种典型形态之一，也不是卡内曼的效用函数，而是因人而异的复杂形态；而且随着环境的变化、环境决定的风险标准系统的变化，人们的效用函数也会发生变化。更一般地，如果将效用用潜在财富量表示，则效用不过是财富的投资回报，也是一个财富量。

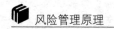

四、效用函数如何确定

效用函数是用来描述人对财富的态度，是一种主观的东西（受客观制约），所以很难确定。

理论上，可以用实验法试探风险主体的效用曲线上的若干点，并通过连接这些点，得到效用曲线。

例4-4 设财富为0时，u(0)=0，财富为100万时，u(100)=100，现在问财富主体愿用多少财富进行如下投硬币游戏？

硬币出现正面，财富主体得到100万；

硬币出现反面，财富主体得到0。

若回答是40万，表明：

$$u(40) = \frac{1}{2}u(0) + \frac{1}{2}u(100) = 50$$

接下来针对 [0，40] 区间、[40，100] 区间分别提出类似问题。

如对 [0，40] 区间，现在问财富主体愿用多少财富进行如下投硬币游戏？

硬币出现正面，财富主体得到40万；

硬币出现反面，财富主体得到0。

若回答是15万，表明：

$$u(15) = \frac{1}{2}u(0) + \frac{1}{2}u(40) = 25$$

对 [40，100] 区间，现在问财富主体愿用多少财富进行如下投硬币游戏？

硬币出现正面，财富主体得到100万；

硬币出现反面，财富主体得到40万。

若回答是60万，表明：

$$u(60) = \frac{1}{2}u(40) + \frac{1}{2}u(100) = 75$$

这样我们可以得到一个基本的效用函数表：

W	0	15	40	60	100
u	0	25	50	75	100

用同样的方法可以得到更多的财富值与对应效用函数值，将这些点连接起来

可以得到近似的效用曲线。

五、风险主体风险规避态度的度量

由于财富边际效用递减是普遍现象，所以大多数风险主体在一般情况下均表现为风险规避主体。不过不同的风险主体对待风险的态度是有差异的。一般认为如何度量风险主体规避风险的态度在理论上和现实中都有重要意义（笔者认为未见得重要）。下面介绍理论上如何度量风险主体风险规避态度。

（一）风险规避态度的 Markowitz 度量（风险价格）

设风险主体的效用函数为 U(W)，对财富随机变量 X，若存在确定财富量 D，使

$$U(D) = E(U(X))$$

则 P = E(X) - D 称为风险主体关于该风险的 Markowitz 风险价格。

D 为 X 的等效财富量。

例 4 - 5　设财富为 0 时，u(0) = 0，财富为 100 万时，u(100) = 100，现在问财富主体愿用多少财富进行如下投硬币游戏？

硬币出现正面，财富主体得到 100 万；

硬币出现反面，财富主体得到 0。

若回答是 40 万，表明 $u(40) = \frac{1}{2}u(0) + \frac{1}{2}u(100)$；40 为 X 的等效财富量。

这时，P = 50 - 40 = 10 是 Markowitz 风险价格。

对于风险厌恶风险主体，有 E(u(X)) < u(E(X))，所以风险价格是一个正数（见图 4 - 8）。

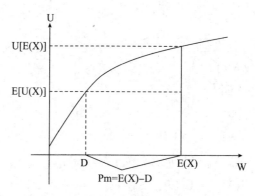

图 4 - 8　风险规避态度的 Markowitz 度量

对于风险厌恶型风险主体而言，风险财富的期望值虽大于 D，但风险主体愿意以 D 之上的任何水平的确定财富量将风险财富 X 交换于他人。

风险价格越高，表示风险主体规避风险的态度越强烈。

例 4 - 6 设风险主体的财富效用函数为 $U(W) = \ln(W)$；风险主体面临的风险财富变量 X 为：

$P(X = 30) = 0.2$

$P(X = 5) = 0.8$

则：$E(X) = 0.2 \times 30 + 0.8 \times 5 = 10$

又 $E(U(X)) = 0.2U(30) + 0.8U(5) = 1.97$

令 $\ln(D) = 1.97$

解得 $D = 7.17$

得到风险价格 $P = 10 - 7.17 = 2.83$

（二）风险规避态度的 Pratt – Arrow 度量

风险规避态度的 Markowitz 度量，与具体风险有关。人们希望对风险主体风险规避态度本身度量（不涉及具体风险）。这样就发展了风险规避态度的 Pratt – Arrow 度量。

1. 绝对风险规避度

设风险主体的效用函数为 $U(W)$。风险主体当前的财富水平为 W_0。未来财富变动量为 ΔW，$E(\Delta W) = 0$，$D(\Delta W) = \sigma^2$，则风险主体未来财富变量为 $W = W_0 + \Delta W$。

根据风险价格定义，风险价格 $P(W_0 + \Delta W)$ 为：

$P = E(W) - D$

即：$D = E(W) - P$，有

$$U(D) = U[E(W) - P] \tag{4-5}$$

因 $U(D) = E(U(W))$

$E(W) = E(W_0) = W_0$

式（4 - 5）变为：

$$E(U(W_0 + \Delta W)) = U[W_0 - P] \tag{4-6}$$

将 $U(W_0 + \Delta W)$ 在 W_0 泰勒展开，有：

$$U(W_0 + \Delta W) = U(W_0) + U'(W_0)\Delta W + 0.5U''(W_0)\Delta W^2 + 0(\Delta W^2)$$

两边求期望值，式（4 - 6）等号前一部分变为：

$$E(U(W_0 + \Delta W)) = U(W_0) + 0.5\sigma^2 U''(W_0) + 0(\sigma^2)$$

式（4-6）等号后一部分在 W_0 泰勒展开，有：

$$U[W_0 - P] = U(W_0) - PU'(W_0) + 0(P^2)$$

所以，有

$$P = 0.5\sigma^2 \left[-\frac{U''(W_0)}{U'(W_0)} \right]$$

对于具体的风险，σ^2 是确定的量，则 P 完全由 $\left[-\frac{U''(W_0)}{U'(W_0)} \right]$ 确定。

定义：

$$ARA = -\frac{U''(W_0)}{U'(W_0)}$$ 是风险主体的绝对风险规避度。

因 $U''(W_0) < 0$，$U'(W_0) > 0$，所以 ARA 为正数。

ARA 越大，风险价格越高，表明风险主体风险规避态度越强烈。实证研究认为风险规避型风险主体绝对风险规避度递减。即：$\dfrac{d(ARA)}{dW} < 0$。

2. 相对风险规避度

对于风险规避型效用函数，ARA 是财富水平 W 的递减函数。

在财富水平大幅上升后，它将变得很小，不足以显示风险主体的风险态度。如一个赌注为万元人民币的掷币赌局，一个下岗工人将持相当规避的态度，但一个亿万富翁将持非常无所谓的态度。

为显示财富水平为 W 时风险主体的风险规避态度，人们又定义了所谓的相对风险规避度。

定义：

$$RRA = -WU''(W_0)/U'(W_0)$$

为风险主体的相对风险规避度。

对于一个风险主体而言，一般设其相对风险规避度不变［一项实证研究证实 RRA 应为 2（Friend and Blume，1975）］。

也就是说，一个财富水平为万元的风险主体在面对赌注为千元的掷币赌局时的风险态度，才可以与一个财富水平为亿元的风险主体在面对赌注为千万元的掷币赌局时的风险态度相比较。

表4-2是各型风险主体的效用函数和风险规避态度。

表4-2　效用函数和风险规避态度

风险态度	效用曲线凸向	期望效用关系	Pratt - Arrow 度量
厌恶型	$U'' < 0$	$E(u(w)) < u(E(w))$	$ARA > 0$, $RRA > 0$
中性型	$U'' = 0$	$E(u(w)) = u(E(w))$	$ARA = 0$, $RRA = 0$
趋险型	$U'' > 0$	$E(u(w)) > u(E(w))$	$ARA < 0$, $RRA < 0$

从上面的讨论可知，作为风险规避型风险主体，其效用函数 U 必须满足：U'' $(W_0) < 0$，$U'(W_0) > 0$；最好有 $\dfrac{d(ARA)}{dW} < 0$，$RRA = 2$。

（三）二次型、对数型、负幂型函数作为风险厌恶型风险主体的效用函数的可行性

1. 二次型

$U(W) = aW - bW^2$（其中 a > 0, b > 0, W < a/2b）

首先有，

$U'(W) = a - 2bW > 0$

$U''(W) = -2b < 0$

但 $ARA = \dfrac{2b}{a - 2bW}$

$\dfrac{d(ARA)}{dW} = \dfrac{4b^2}{(a - 2bw)^2} > 0$

而受 W < a/2b 限制，讨论 RRA 无意义。

2. 对数型

$U(W) = \ln(W)$，W > 0

首先有

$U'(W) = 1/W > 0$

$U''(W) = -1/W^2 < 0$

其次，$ARA = 1/W > 0$

$\dfrac{d(ARA)}{dW} = -1/W^2 < 0$

而 RRA = 1，是一个常数，虽不等于2。

所以 $U(W) = \ln(W)$ 较适合作效用函数。

3. 负幂型

$U(W) = -W^{-1}$，W > 0

首先有

$U'(W) = 1/W^2 > 0$

$U''(W) = -2/W^3 < 0$

其次，$ARA = 2/W > 0$

$$\frac{d(ARA)}{dW} = -2/W^2 < 0$$

$RRA = 2$

所以 $U(W) = -W^{-1}$ 理论上非常适合作效用函数。

（四）关于风险规避态度的讨论

面对风险，我们有采取风险态度的本能，这种本能由过往的经历造就；但面对风险，我们应采取什么风险态度，却是一件科学的工作——我们应尽可能不让本能控制我们的行为。风险主体对待风险的态度，不应由过去或本能决定，而应由风险主体面对的现在和未来决定，这就是说风险主体应研究其面对的风险环境（尤其是环境决定的风险标准体系），确定应采取的风险态度。从这个意义上讲，风险主体风险态度的度量对市场操纵者有意义，而对市场参与者没有意义，或者说意义不大。

第三节　前景理论（Prospect Theory）简介

一、阿莱斯悖论

1952 年，法国经济学家、诺贝尔经济学奖获得者阿莱斯在巴黎举行的决策学讨论会上提出了日后被称为阿莱斯悖论的谜题。这是通过实验验证的谜题：

对 100 人测试所设计的如下赌局。

赌局 A：100% 的机会得到 100 万元。

赌局 B：10% 的机会得到 500 万元，89% 的机会得到 100 万元，1% 的机会什么也得不到。

实验结果：绝大多数人选择 A 而不是 B。即赌局 A 的期望值（100 万元）虽然小于赌局 B 的期望值（139 万元），但是 A 的效用值大于 B 的效用值，即

$$1.00U(1m) > 0.89U(1m) + 0.01U(0) + 0.1U(5m) \qquad (4-7)$$

然后阿莱斯使用新赌局对这些人继续进行测试。

赌局 C：11% 的机会得到 100 万元，89% 的机会什么也得不到。

赌局 D：10% 的机会得到 500 万元，90% 的机会什么也得不到。

实验结果：绝大多数人选择 D 而非 C。即赌局 C 的期望值（11 万元）小于赌局 D 的期望值（50 万元），而且 C 的效用值也小于 D 的效用值，

即

$$0.89U(0) + 0.11U(1m) < 0.9U(0) + 0.1U(5m) \qquad (4-8)$$

而由（4-8）式得，

$$0.11U(1m) < 0.01U(0) + 0.1U(5m)$$

$$1.00U(1m) - 0.89U(1m) < 0.01U(0) + 0.1U(5m)$$

$$1.00U(1m) < 0.89U(1m) + 0.01U(0) + 0.1U(5m) \qquad (4-9)$$

这与式（4-7）矛盾。这就是阿莱斯悖论（偏好逆转、偏好不一致性）。

阿莱斯由于提出这一悖论以及与该悖论相关的对人类选择行为的一系列研究，而获得了 1988 年的诺贝尔经济学奖。

然而，经济学家们，包括阿莱斯本人，并没有对这个悖论给出合理的令人信服的解释。

我们来看另一个更简单的例子。

琳达，31 岁，单身，性格外向，哲学毕业。在学校期间关心歧视和社会公正问题，参加过反核武器抗议示威活动。那么，她可能是？选项有以下两个：

A. 她既是银行职员又是一个女权主义者。

B. 她是一个银行职员。

向被试询问琳达更有可能是哪一种人？

结果表明，绝大部分人认为她更像 A。虽然选项 A 出现的概率要比选项 B 出现的概率小得多。不过人们似乎认为 A 是对琳达更自然的描述，更像她的代表性特征。

这个例子揭示了一个普遍存在的事实：人们在不确定性（概率）的判断方面，难以形成正确有效的本能反应。

实际上，在 1934 年，Karl Menger——Carl Menger 的儿子——就指出在圣彼得堡悖论中如果将赔付额提高、高到效用值的期望值是发散的，则丹尼尔·伯努利的效用理论在解答阿莱斯悖论方面就失效了——圣彼得堡悖论依旧还是一个悖论。例如将圣彼得堡悖论中赔付额由 2^k 改为 e^{2^k}，效用值的期望值就是发散的。

二、前景理论

1979 年，丹尼尔·卡内曼（Daniel Kahneman，2002 年诺贝尔经济学奖获得

者）和阿莫斯·特沃斯基（Amos Tversky）在经济学刊物 *Econometrica* 发表论文 "Prospect Theory：An Analysis of Decision Under Risk"，对人们的风险决策模式提出了新的解释：前景理论（Prospect Theory）。前景理论揭示了人们面对不确定性时容易犯的一系列错误。

前景理论认为，大多数投资者都是行为投资者，他们的行为并非总是理性的，而是有限理性的。由于人们的精力、能力和信息等方面的局限，不可能对投资选择方案进行全面、详尽的计算和评估，从而使做出的决策通常是基于启发式思维、思维捷径甚至是错误的选择。

前景理论（Kahneman D. and Tversky A.，1979）认为人们的风险决策过程分为编辑和评价两个阶段。在编辑阶段，人们会在心中形成"框架"（Frame）和参照点（Reference Point），并凭借"框架"、参照点等采集和处理信息；在评价阶段对价值函数（Value Function）用心理概率加权（卡内曼和特沃斯基将其称作累积权重函数加权）做出判断。

前景理论对离散型随机财富变量优劣的评价标准为，

$$\sum_{i=1}^{n} \pi(p_i) V(W_i)$$

其中，$V(w_i)$ 是价值函数；$\pi(p_i)$ 是心理概率函数（累积权重函数）。

（一）价值函数

$V(W_i)$ 的基本形状如下（见图 4-9）。

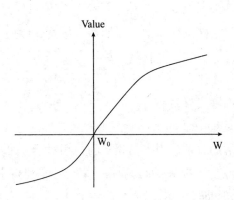

图 4-9 Daniel Kahneman 和 Amos Tversky 的价值函数

前景理论用确定效应、反射效应、参照依赖（这也是前景理论的重要发现）对价值函数为何是这种形状进行了解释。

1. 确定效应

所谓确定效应，就是在确定的收益和不确定的收益间做选择时，多数人会选择确定的收益。

卡内曼和特沃斯基访问一群受试者，看他喜欢哪一种选择：

A. 稳定拿到手的 80 美元。

B. 95% 的机会拿 100 美元，当然，这表示有 15% 的可能是什么也拿不到。

大部分人愿意拿 80 美元。

卡内曼和特沃斯基做出结论：在确定的收益和不确定的收益间做选择时，人们一般"不愿冒风险"，他们情愿拿到确定的东西，即使另一个选择值得孤注一掷。Daniel Kahneman 和 Amos Tversky 将之称为"确定效应"（Certainty Effect），即在收益中选择时，大部分人都是风险厌恶者。

这就解释了阿莱斯悖论中人们为何选择 A。

2. 反射效应

所谓反射效应就是在确定的损失和不确定的损失间做选择时，多数人会选择不确定的损失。

卡内曼和特沃斯基问另一群人说，看他喜欢哪一种选择：

C. 肯定赔出 80 美元。

D. 85% 的可能赔 100 美元，这当然表示有 15% 的可能是一分钱也不赔。

这次，大部分人宁愿赌一赌，而不愿照赔，尽管一般而言，这场赌局的代价更大。

卡内曼和特沃斯基将之称为"反射效应"（Reflection Effect），即在损失中选择时，大部分人都是风险喜好者。

3. 参照依赖（Reference Dependence）

前景理论认为所谓的收益、损失是相对的，相对于一个心理的参考点。人们依据心理参考点算计收益、损失的行为模式，卡尼曼和特韦斯基称为"参照依赖"（Reference Dependence）。

卡内曼和特沃斯基在一项日后被命名为"生存框架与死亡框架"的测试中，让大学生们在两种解决公共卫生问题的提案中做出选择。

假设美国正在准备防御一种罕见的亚洲疾病的迅速蔓延，估计会使 600 人丧失。有人提出了两种方案来对付该疾病。针对这些方案的后果进行的准确科学估计如下：

如果采纳 A 方案，则有可能会拯救 200 人。

如果采纳 B 方案，则有 1/3 的可能性使 600 人全部获救，亦有 2/3 的可能这 600 人一个也活不了。

你喜欢那一种方案？

测试结果：72% 的人选择方案 A 而不是方案 B。

卡内曼和特沃斯基接着在另一项测试中，让另一批大学生在两种解决公共卫生问题的提案中做出选择。

假设美国正在准备防御一种罕见的亚洲疾病的迅速蔓延，估计会使 600 人丧失。有人提出了两种方案来对付该疾病。针对这些方案的后果进行的准确科学估计如下：

如果采纳 C 方案，400 人会丧命。

如果采纳 D 方案，则有 1/3 的可能性没有人会死去。但有 2/3 的可能是 600 人全部死去。

测试结果：78% 的人（另一小组）选择方案 D 而不是方案 C。

实际上，这两种办法在数学上是相等的，只是措辞略有不同。

卡内曼和特沃斯基的解释：在第一测试中，结果是以获取（拯救的生命）来描述的，W_0 点设在"全部死亡"点；在第二测试中，结果是以损失（损失的生命）来描述的，W_0 点设在"全部生存"点。

卡内曼和特沃斯基认为我们对得与失的判断来自比较。实际上很多情况下，我们行为的动力来自嫉妒和攀比。

例如在商品和服务价格相同的情况下，你有两种选择：

A. 其他同事一年挣 6 万元的情况下，你的年收入 7 万元。

B. 其他同事年收入为 9 万元的情况下，你一年有 8 万元进账。

卡尼曼的调查结果出人意料：大部分人选择了前者。

美国有一个作家说："只要比你小姨子的丈夫（连襟）一年多赚 1000 元，你就算是有钱人了。"

你今年收入 20 万元，该高兴还是失落呢？假如你的奋斗目标是 10 万元，你也许会感到愉快；假如目标是 100 万元，你会不会有点失落呢？

老张最幸福的时候是他在 20 世纪 80 年代做"万元户"的时候，虽然现在自己的村镇已经改造成了城市，拆迁补贴也让自己成为了"百万元户"，但他感觉没有当年兴奋，因为邻里都是"百万元户"了。

参照依赖，说的是 W_0 点的定位。确定效应，解释了 W_0 右边的形态；反射效应，解释了 W_0 左边的形态。

一个有意思的应用：

比如，有一家公司面临两个投资决策，投资方案 A 肯定盈利 200 万元，投资方案 B 有 50% 的可能性盈利 300 万元，50% 的可能盈利 100 万元。这时候，如果公司的盈利目标定得比较低，比方说是 100 万元，那么方案 A 看起来好像多赚了 100 万元，而 B 则是要么刚好达到目标，要么多盈利 200 万元。

A 和 B 看起来都是获得，这时候员工大多不愿冒风险，倾向于选择方案 A。而反之，如果公司的目标定得比较高，比如说 300 万元，那么方案 A 就像是少赚了 100 万元，而 B 要么刚好达到目标，要么少赚 200 万元，这时候两个方案都是损失，所以员工反而会抱着冒冒风险说不定可以达到目标的心理，选择有风险的投资方案 B。可见，老板完全可以通过改变盈利目标来改变员工对待风险的态度。

又比如，预先定下中国乒乓球队在釜山亚运会上金牌指标为"保四争五"，这"保四争五"就是 W_0。最后只获三金，尽管三金本身数量并不少，但国人仍有意见，因为它低于"参照点"，低于我们当前根据实力应达到的期盼水平。按 $(W - W_0)$ 来评估，这就形成了卡内曼和特沃斯基的"价值函数"的价值损失。

中国射击队在此届亚运会金牌得数大大超标，媒体与国人对其赞扬程度远不如国人对乒乓球队丢一两块金牌的批评程度，可见对"赢"与"输"评价程度并不对称。这种不对称意味着，人们的决策是遵从"损失规避"准则，而不是"风险规避"准则。而且，人们对于"赢"显示的是"风险规避"态度，而对于"输"显示的则是"风险喜欢"态度。因此，在"参照点"上，效用函数有"拐点"或"折点"。

（二）心理概率（累积权重函数）

传统的期望效用理论是对效用函数用概率加权，而前景理论则认为人们习惯对事件发生的概率（P）本身再指派一个"概率函数"$\pi(P)$。

$\pi(p)$ 是 p 的递增函数，且 $\pi(0) = 0$，$\pi(1) = 1$，但 $\pi(p)$ 不是概率，它不符合概率公理，也不应被解释为个人的主观概率。

卡内曼和特沃斯基认为，当概率 p 很小的时候，$\pi(p) > p$，这表示人们对于概率很小的事件往往过度重视；但是当概率 p 较大时，$\pi(p) < p$，这说明人们在过分重视小概率事件的同时，往往忽略例行发生的事。而且，在低概率区域，对任意 $0 < r < 1$ 时，有 $\pi(rp) > r\pi(p)$。对于所有的 $0 < p < 1$，有 $\pi(p) + \pi(1-p) < 1$。由此可看出决策权重函数是客观概率的非线性函数。

这可以解释阿莱斯悖论中人们为何在 A 与 B 的选择中选 A，而在 C 与 D 的选择中选择 C。因为 80% 和 75% 在心理上被减小，但前者减少得更多，而 20% 和 25% 被放大，但前者被放得更大，所以 $E(U(C)) = 0.2U(4000) + 0.8U(0)$ 在大多数人看来比实际的大，而 $E(U(D)) = 0.25U(3000) + 0.75U(0)$ 比实际的小。此消彼长，结果是多数人认为前者大于后者，从而选择了 C。

三、前景理论的另一些结论

1. 损失规避（Loss Aversion）

前景理论揭示：大多数人对损失和获得的敏感程度不对称，面对等额损失的痛苦感要大大超过面对等额获得的快乐感（注意：等额损失带来的痛苦感要超过等额获得带来的快乐感，这一点边际效用递减就可以解释；而这里的损失规避强调"大大超过"）。

行为经济学家做过一个测试：

有这样一个赌博游戏，投一枚均匀的硬币，正面为赢，反面为输。如果赢了可以获得 50000 元，输了就失去 50000 元。请问你是否愿意赌一把？

这个赌局输赢的可能性相同，就是说这个游戏的结果期望值为零，是绝对公平的赌局。

但反复实验的结果证明，多数人不愿意玩这个游戏：虽然出现正反面的概率是相同的，但是人们对"失"比对"得"敏感，输掉 50000 元带来的不舒服程度远远超过了赢得 50000 元带来的快乐。

2. 偏好逆转

前景理论指出，在风险和收益面前，人的"心是偏的"。在涉及收益时，我们是风险的厌恶者，但涉及损失时，我们却是风险喜好者。

但涉及小概率事件时，风险偏好又会发生离奇的转变。面对小概率的盈利，多数人是风险喜好者。面对小概率的损失，多数人是风险厌恶者。

事实上，很多人都买过彩票，虽然赢钱可能微乎其微，你的钱 99.99% 的可能支持福利事业和体育事业了，可还是有人心存侥幸博小概率事件。

同时，很多人都买过保险，虽然倒霉的概率非常小，可还是想规避这个风险。人们的这种倾向，是保险公司经营下去的心理学基础。

在小概率事件面前人类对风险的态度是矛盾的，一个人可以是风险喜好者，同时又是风险厌恶者。

归根结底，人们真正憎恨的是损失，而不是风险。

四、关于前景理论的讨论

前景理论提出的人们的风险决策模式——价值函数的心理概率加权，笔者认为，前景理论的提出者自己大概也不会相信。想想普罗大众面对不确定性时的无助，你很难相信他们有能力去算计价值和心理概率。所以，与其说前景理论揭示了人们的风险决策模式，不如说是对人们的风险决策模式进行了拟合。

前景理论揭示的是面对不确定性时人们如何犯错误，对于金融集团和政治寡头而言有重要意义，他们得以寻找如何利用人们错误的策略，操纵民意和市场。对普通大众而言，重要的也许是人们如何才能不犯错误。从这个意义上讲，全景理论的重要性就不是那么大了。就像"插入水中的看上去弯曲的筷子其实是直的"已成为常识一样，随着风险决策知识的普及，人们对不确定状态下应该如何决策会变得小心翼翼——他们知道面对不确定性时很容易犯错误，这将使得前景理论揭示的人们的风险决策模式变成历史——这是前景理论的最大贡献。

第四节　财富损耗测度和财富增加测度

中国人常讲危机是危险与机会并存的。任何一个财富随机变量（行为结果为财富随机变量）对风险主体而言都有两重性，一重是财富损耗性，即实际结果对预期（期望）结果的负偏离性，另一重是财富增加性，即预期"财富的增加性"。

风险评价本质上就是要给风险指标这两方面的特性一个说法：要提炼（反映）出风险的财富损耗性和财富增加性。这同时规定了，评价风险状态优劣的标准（或风险测度）有两个基本类别：度量风险财富损耗性测度和度量风险财富增加性测度，简称财富损耗测度和财富增加测度。而在此基础上我们自然有第三类测度：综合反映风险财富损耗性和风险财富增加性的测度。

在前面的讨论中，我们提到的 VaR 和 ES 测度，提炼的是风险的财富损耗性；而期望值标准 E（W）、期望效用标准 E［U（W）］、前景理论标准 $\sum\limits_{i=1}^{n}$ $\pi(p_i)V(w_i)$，本质上提炼的是风险的"财富"增加性；至于均值—方差标准提炼的自然是风险的财富损耗性和财富增加性综合特征。

笔者想指出，这里将风险测度分为三类：反映风险的财富损耗性测度、反映风险的财富增加性测度、反映风险财富损耗性和财富增加性综合特征测度，这不仅仅是为了提出一个分类（一个新思路），而是认为这种分类应该是风险测度的基本分类，有了这种分类，选用评价风险状态优劣的标准（选用风险测度）就第一次有了可能：如果风险主体更关心风险的财富损耗性，他应该选用风险的财富损耗测度；如果风险主体更关心风险的财富增加性，他应该选用风险的财富增加测度；如果风险主体既关心风险的财富损耗性又关心风险的财富增加性，那他应该选用综合反映风险财富损耗性和财富增加性特征的测度。这一点在下一章将讲得更清楚。

附　录

期望效用标准涵盖均值—方差标准的特例

在特定情况下，如均值—方差标准能给出风险状态优劣的判断，则期望效用标准也能给出一致的判断，以下是两种特例。

1. 二次效用函数的特定情形

设风险主体面临选择随机财富变量的问题。设随机财富变量 X 的概率密度分布函数为 f（x），又设风险主体是风险规避型风险主体，其效用函数为 u（x）。

按期望效用标准，有

$$E(u(X)) = \int_{-\infty}^{+\infty} u(x)f(x)\,dx$$

若 u（x）＝ $cx^2 + ax + b$，则有 c＜0，x＜－a/2c （风险规避型风险主体的特征）

则

$$E(u(X)) = E\{c[x - E(X)]^2 + [a + 2cE(X)]x + b - cE^2(X)\}$$
$$= cD(X) + cE^2(X) + aE(X) + b$$

当 x＜－a/2c 时，$cx^2 + ax + b$ 是 x 的单调上升函数，即 $cE^2(x) + aE(x) + b$ 是 E(x)的单调上升函数。

这就是说，E（u（X）） 是 D（X） 的递减函数，是 E（X） 的递增函数。

显然，期望效用大小的比较变成了方差大小、期望值大小的比较；而占优规则恰是均值—方差标准：当两个随机财富状态的均值相等时，方差小的随机财富状态优；方差相等时，均值大的优；一个的均值大于另一个，而方差小于另一个时，此随机财富状态优。

需要注意的是，在此特定情形下，所有均值—方差标准能判定的优劣，期望效用标准均可作同样的判定，但反之不然。

2. 指数效用函数的特定情形（指数效用函数原理）

现实中很少情况下用到二次效用函数。用得较多的一类特定效用函数是指数效用函数，即设风险主体的效用函数是：

$$U(X) = \frac{\left[1 - e^{-\alpha x}\right]}{\alpha}$$

其中，$\alpha > 0$。

此函数有 $U'(X) = e^{-\alpha x} > 0$、$U''(X) = -\alpha e^{\alpha x} < 0$。

这就是说，指数效用函数描述的是风险厌恶型风险主体的效用形态（较二次效用函数，其应用范围当然要广）。

现在设风险状态为正态分布，即设

$$X \backsim N(\mu, \sigma^2)$$

可以证明 $E(U(X)) = \dfrac{1 - e^{-\frac{2\alpha\mu\sigma^2 - \alpha^2\sigma^4}{2\sigma^2}}}{\alpha}$

$$= \frac{1}{\alpha} - e^{\frac{\sigma^2\alpha^2}{2}}\left(\frac{e^{-\alpha\mu}}{\alpha}\right)$$

此式是 σ^2 的单调递减函数，是 μ 的单调递增函数。

即期望效用是方差的单调递减函数，是期望值的单调递增函数。

显然，期望效用大小的比较变成了方差大小、期望值大小的比较，而占优规则与均值—方差标准的占优规则相同：当两个随机财富状态的均值相等时，方差小的随机财富状态优；方差相等时，均值大的优；一个的均值大于另一个，而方差小于另一个时，此随机财富状态优。

同样需要注意的是，在此特定情形下，所有均值—方差标准能判定的优劣，期望效用标准均可作同样的判定，但反之不然。

参考文献

[1] Philippe Artzner, Freddy Delbaen, Jean – Marc Eber David Heath [J]. Coherent Measures of Risk, Mathematical Finance, 1999, 9 (3): 203 –228.

[2] Robert W. Vivian. Ending the Myth of the st Petersburg Paradox [J]. Sajems Ns, 2013, 16 (3): 347 –364.

[3] Daniel Bernoulli. Exposition of a New Theory on the Measurement of Risk [J]. Econometrica, 1954, 22 (1): 23 –36.

习　题

一、思考题

1. 为什么博彩者愿意参与明显对其不利的博彩？

2. 财富集中是必然趋势吗？你有何感想？

3. 讨论熵作为风险测度的可能性。

4. 讨论半方差作为风险测度的意义。

二、计算题和证明题

1. 证明：对于正态分布 X、Y，若 $E(Y) > E(X)$，且 $D(Y) = D(X)$，则按一阶随机占优标准 Y 优于 X。

2. 设风险主体的财富效用函数为 $u(w) = 20 - \dfrac{100}{w}$。风险主体面临的风险财富变量为 w，且

$P(w = 10) = 0.3$

$P(w = 20) = 0.7$

请计算 Markowitz 风险价格。

3. 设 n 个风险主体面临的风险指标分别为 x_1, x_2, x_3, $\cdots$, x_n, x_1, x_2, $\cdots$, x_n 服从相同的正态分布 $N(\mu, \sigma^2)$，x_1, x_2, $\cdots$, x_n 非完全正相关，即存在 i、j 使 $\mathrm{cov}(x_i, x_j) < \sigma^2$。若风险主体达成风险共担协议，则各自面临的风险指标变为 $\dfrac{1}{n} \sum\limits_{i=1}^{n} x_i$。

证明：按均值—方差标准，风险共担后，各风险主体的风险状态都得到了改善。

4. 设风险主体初期财富量为 300。期末财富量分布为，

概率（%）	财富量
10	150

续表

概率（%）	财富量
30	220
35	250
25	380

请计算风险主体面临的损失变量的期望尾损：$ES_{0.15}$ 和 $ES_{0.45}$

5. 设财富随机变量 X 服从正态分布 $N(\mu, 3^2)$、Y 服从正态分布 $N(\mu, 4^2)$，请问 X 相对于 Y 是一阶随机占优的吗？为什么？

6. 设 $u(w)$ 是风险厌恶型风险主体的效用函数，请证明 $E[u(W)] \leqslant u[E(W)]$。

7. 伯努利（Bernoulli）提出的圣彼得堡悖论（St. Petersburg Paradox）：投掷质地均匀的硬币，直至出现正面。如果掷第一次就出现正面，得到 2 美元；直到第二次才掷出正面，得到 4 美元；直到第三次才出现正面，则可得到 8 美元；以此类推，如果一直到第 i 次才出现正面，那么将得到 2i 美元。如果假设参与者的效用函数为：$u(w) = 4\ln(w)$。

请计算参与者愿意支付多少钱参加这个期望值为无穷大的游戏？

第五章 风险管理决策

决策就是选择。风险管理最重要的活动就是选择风险状态、选择优化风险状态的方法（选择了优化风险状态的方法就间接选择了该方法导致的风险状态），所以在一定程度上说风险管理活动就是决策活动也不为过。前面章节中我们已经涉及一系列的风险管理决策问题：如用什么准则（指标）评价风险状态的优劣、评价风险的大小？指标值达到多大时风险状态是不能接受的？指标值达到多大时要发出风险预警？发出哪类风险预警？实际上风险管理中但凡一项活动，其所涉5W1H都面临决策问题。本章我们讨论风险管理决策，但我们不打算展开完整的决策理论，而是着重讨论风险管理中最重要的两个决策要素：决策目标和决策准则。

本章第一节介绍一般决策要素和风险管理决策要素。第二、第三、第四节分别介绍第一类、第二类、第三类风险管理决策。

第一节　风险管理决策要素和风险管理决策分类

一、风险决策要素

1954 年美国统计学家、决策理论家萨维奇（L. J. Savage）用通俗的事例说明决策分析的基本要素：决策者、决策目标、决策方案、决策状态、决策结果、决策准则。萨维奇的例子如下（以下我们称为主妇打蛋决策问题）。

一个家庭主妇准备用六个鸡蛋和一碗面粉做鸡蛋煎饼。当打到第 5 个鸡蛋时发现第 6 个鸡蛋可能有质量问题。这就是说第六个鸡蛋有两种可能的状态：可能是好的（b1），也可能是坏的（b2）。

家庭主妇有以下三种可供选择的方案：

第一种方案（a1）：把鸡蛋直接打在已有五个鸡蛋的碗里。

第二种方案（a2）：把鸡蛋打在另一个空碗里。

第三种方案（a3）：把第6个鸡蛋直接扔掉。

两种自然状态、三种方案，共六种决策结果：

第一种结果：［（a1）（b1）］吃到6个鸡蛋做的煎饼，洗1个碗。

第二种结果：［（a1）（b2）］吃到0个鸡蛋做的煎饼，洗1个碗。

第三种结果：［（a2）（b1）］吃到6个鸡蛋做的煎饼，洗2个碗。

第四种结果：［（a2）（b2）］吃到5个鸡蛋做的煎饼，洗2个碗。

第五种结果：［（a3）（b1）］吃到5个鸡蛋做的煎饼，洗1个碗，损失1个鸡蛋。

第六种结果：［（a3）（b2）］吃到5个鸡蛋做的煎饼，洗1个碗。

就此，萨维奇总结说，决策涉及如下六个要素：

决策者：方案选择者。此例中，决策者是家庭主妇。

决策目标：决策者希望达到的目标。此例中，家庭主妇希望浪费的食材越少越好、付出的劳动越少越好。

决策方案：候选对象。对象一经选定，决策结果的状态就确定了。本例中有三个方案。

自然状态：决策者无法控制的环境状态。此例中，鸡蛋的质量状态就是我们唯一要考虑的自然状态。

决策结果：决策方案与结果的对应关系。此例中，第一种方案对应第一种、第二种结果，第二种方案对应第三种、第四种结果，第三种方案对应第五种、第六种结果。

决策准则：方案选择的依据。

笔者认为，在这个例子中，决策者实际是在三种风险状态中做选择：

（1）方案（a1）导致的结果状态（未涉及出现的概率）。

第一种结果：［（a1）（b1）］吃到6个鸡蛋做的煎饼，洗1个碗。

第二种结果：［（a1）（b2）］吃到0个鸡蛋做的煎饼，洗1个碗。

（2）方案（a2）导致的结果状态（未涉及出现的概率）。

第三种结果：［（a2）（b1）］吃到6个鸡蛋做的煎饼，洗2个碗。

第四种结果：［（a2）（b2）］吃到5个鸡蛋做的煎饼，洗2个碗。

（3）方案（a3）导致的结果状态（未涉及出现的概率）。

第五种结果：［（a3）（b1）］吃到 5 个鸡蛋做的煎饼，洗 1 个碗，损失 1 个鸡蛋。

第六种结果：［（a3）（b2）］吃到 5 个鸡蛋做的煎饼，洗 1 个碗。

从风险管理的角度看，这里最重要的问题有两个：一是决策的目的是什么？二是如何评价风险状态的好坏？即决策目的和决策准则。第一个问题的确定，间接规定了第二个问题的解决思路。而这两个问题的完整解决，本质上就为决策提供了充分条件：决策问题变成了方程求解问题。

就上述主妇打蛋决策问题而言，第一个问题是：决策的目的是什么？减少原材料的浪费？节省洗碗时间？或者两者兼而有之？显然在很多情况下，这是我们必须说清楚而又很难说清楚的问题。

第一个问题说清楚了，第二个问题的解决就有了思路，但不是说第二个问题就此就能解决。比如，主妇打蛋决策问题中，假设我们可以确定决策目的是减少浪费，又假设第六个鸡蛋是好鸡蛋的概率也知道，还假设我们可以量化面粉、鸡蛋的价值，以及洗碗的价值损失等，一切应知条件都知道了。我们就能决策了？还是不能。因为每种行为的结果都有不确定性：每种行为的结果都是一个随机变量；三个随机变量中哪个最好？回到了评价风险状态优劣的标准问题。

为更好地说明这一点，我们还是回到更一般的风险管理决策问题：风险主体面临两个对应两种行为结果的财富风险状态 A 和 B，其概率分布都知道。如我们选择了 A，就意味着我们决策了（选择了）导致结果 A 的行为，反之我们就是决策了（选择了）导致结果 B 的行为。

在前面的章节中我们已经知道了：如何评价 A、B 的优劣，至今并无公认标准。在客观标准中，我们有期望值标准、均值—方差标准、VaR 标准、ES 标准等；在非客观标准中我们有期望效用标准、前景理论标准等。

在一般决策理论中，人们常根据自然状态将决策分为：确定型决策、风险型决策、不确定型决策。即自然状态是确定的（取唯一值），所以每种决策方案对应的结果也是确定的，视为确定型决策；自然状态的取值不确定，但取值的概率分布是已知的，所以每种决策方案对应的结果的概率分布也是已知的，视为风险型决策；自然状态的取值不确定，且取值的概率分布也未知，所以每种决策方案对应的结果的概率分布也未知，视为不确定型决策。

从风险管理的角度看，这里的自然状态是行为结果具有不确定性的原因，但自然状态的不确定性并不必然导致结果的不确定性，所以与其按自然状态分类，不如按结果状态分类。

还有一种常用分类，将决策分为确定型和非确定型，又将非确定型分为竞争型、风险型、不确定型。笔者认为加入一个竞争型不太合理：分类标准是什么？

笔者还认为，将决策分为确定型决策、风险型决策、不确定型决策也不是一个好的分类。

实际上，从更高层次看，它们是一类：结果确定的是一般行为结果的一种极端状态，结果的概率分布完全无知也是一般行为结果的一种极端状态，甚至结果的概率分布完全知道也是一般行为结果的一类极端状态；结果的更一般状态是，我们知道结果的部分概率或知道结果概率分布的某些特征。

有鉴于各类文献已有风险型决策（风险决策）的说法，本书用风险管理决策一词指风险管理中所涉选择行为（如无特别说明仅指风险状态的选择行为）。

而根据以上分析，在理论研究中，风险管理决策所涉及最重要的决策要素有以下三个：可选风险状态（每一状态对应一可选行为）、决策目的、决策准则。

二、简单的风险管理决策理论模型

为突出风险管理决策问题的实质，我们分析如下风险管理决策问题：已知可选风险状态 W（所有可能的行为结果，在上述主妇打蛋决策问题中，有三个可选风险状态）——财富随机变量域、求最优的财富风险状态。

（一）决策目的问题

对任何决策者而言，财富越多越好、损失越小越好。但从风险管理角度看，决策者显然应先从 W 中排除一类财富随机变量：风险主体不能承受它们潜在的损失。比如，上述主妇打蛋决策问题的第一种结果，因其包含"吃到 0 个煎饼"的可能性，对于绝大多数主妇而言，"不能承受它们潜在的损失"，所以该结果首先就应被排除。

在剩下的财富随机变量中，我们主要考虑财富越多越好。

这实际上表明，风险管理决策可以分为两类：第一类是确定可接受风险状态域决策（哪些风险状态是可以接受的）；第二类是对可接受风险状态进行对比、选优乃至配置。

（二）决策准则问题

决策准则问题显然就是评价风险状态优劣的标准问题。

第一类决策，主要考虑风险的财富损耗性（风险测度应该是风险的财富损耗测度），将该指标与风险主体承担风险的能力对比，决定风险状态是否可以接受。对于不可接受的风险状态，风险主体工作方向是：可否降低风险的财富损耗性（这时风险测度不变）？可否提高风险主体承担风险的能力？

第二类决策，主要考虑风险主体财富目标的实现程度（风险的财富增加测度），应以目标值最大化为测度。

现实中，我们在做第二类决策时还可能面临这样的问题，即按选定的标准确定最优风险状态的财富损耗性虽未超过不可接受标准，但已十分接近不可接受标准。这就是说，我们可能有时要做第三类决策：既考虑风险的财富损耗性，又考虑风险的财富增加性（要综合考虑风险状态的财富损耗性和财富增加性）。

如此我们可以将风险管理决策分为以下三类：第一类风险管理决策：可接受风险状态域的确定；第二类风险管理决策：在可接受风险状态域中按目标实现程度（财富增加性）选优；第三类风险管理决策：综合考虑风险的财富损耗性和财富增加性。

第二节　第一类风险管理决策

第一类决策，主要考虑风险状态所含风险量（风险测度——风险的财富损耗测度），将该风险量与风险主体承担风险的能力对比，决定风险状态是否可以接受。对于不可接受的风险状态，风险主体工作方向是：可否降低风险状态的风险量（这时风险测度不变）？可否提高风险主体承担风险的能力？

要对比风险状态所含风险量（风险测度）和风险主体承担风险的能力，就涉及如何度量风险主体承担风险的能力和如何度量风险状态所含风险量（风险的财富损耗性）两个测度。

在经济社会里，无论风险主体的性质为何，也不管其行为内容是什么、目的为何，最后总是用"钱"来承担风险，所以，我们可以直接用风险主体所"拥有"的钱的多少来度量其可承担风险能力的上限（这就是赌客的总赌资 M）。在本书的第六章中，我们将涉及如何确定风险主体承担意外损失的能力的问题。

至于如何度量风险状态所含风险量（如何表达风险的财富损耗性），显然这个测度应该是对风险主体承担风险能力的损耗。从这点看，VaR、ES 显然是合适的指标，这也应该是这两个测度在金融机构和金融监管当局得到如此重视和广泛使用的原因。但如前所述 VaR 或 ES 作为风险测度有其不客观的一面，VaR 有置信度的人工选择问题、ES 有分位点的人工选择问题。指定不同的置信度或分位点，得到不同的 VaR 或 ES，这会在应用上带来困难。举个例子：假设一个财富随机变量的 ES 在分位点是 10% 时为损失 1 亿，在分位点是 5% 时是损失 2 亿，而风险主体承担风险的能力是 1.5 亿，我们在判断可否接受该风险状态时就会感到困惑。不同规模的银行，也可能有相同的 ES。

更重要的是：无论是 VaR 或 ES，都只考虑了财富随机变量在分位点的左侧分布状态，好像分位点右侧分布与风险主体承担风险的能力无关。

这至少说明，VaR 或 ES 在反映风险状态对风险主体承担风险能力的损耗方面不是一个完全客观的测度，并不能综合反映风险状态对风险主体承担风险能力的损耗方面的特征。

实际上，现实中很多情况下我们不太担心或者说我们可以轻易承受单笔业务（一次投注）带来的损失，我们必须考虑的是重复业务（重复投注）对风险主体承担风险能力的持续损耗。这时分位点右侧分布会影响风险主体持续承担风险的能力。

有鉴于此，并受圣彼得堡悖论和赌徒输光问题的启发，笔者提出了一个新测度：风险中性量（Rnq），以此度量重复投注的风险量。在一般情况下，风险中性量是完全客观的。所以相对于 VaR 或 ES，Rnq 更能客观、综合地反映风险状态对风险主体承担风险能力的损耗方面的特征。

1. 风险中性量（Rnq）的含义

一个财富随机变量 W 的风险中性量的表达式类似 ES_q 或 VaR_α，如 $Rnq_{0.60} = 200$，它表示在你用 E(W)（假设 E(W) 有限，在 E(W) 不存在时，我们可以考虑任何有限投注额）为赌注进行重复投注（每次投注产生的财富所得为 W）的情况下，你有 60% 的概率在输光 200 前全身而退（累积财富收入期望值大于累计投注额）。当然，这也表示你有 40% 的概率在全身而退前输光 200。

2. 风险中性量的定义

以下的过程完全模拟圣彼得堡悖论的赌客输光过程（请参考本章附录 5 - 1，本附录由笔者完成）。这里，我们的门票价为财富随机变量 W 的数学期望 E(W)（传统上 E(W) 被认为是 W 的合理价格），并规定两种情况下，本场"赌局"结束：①赌客首次最少收回了所有赌资，这时赌客可以满意离场（当然你也可以规划下一场赌局）；②用 E(W) 再投注一次收回所有已付赌注的概率为0。

设 W 是一个财富随机变量，f(w) 是其分布密度函数，E(W) 存在。

令 $T_1 = E(W)$，在传统博弈中 E(W) 一般被看作是 W 的公平价格。

$p_1 = P\{w \geq T_1\}$，即用 T_1 投注 W 时，第一次投注就最少收回投注额的概率是 p_1；

$$ES(1) = \frac{1}{1 - p_1} \int_{-\infty}^{T_1} wf(w)\,dw$$

表示第一次投注未收回全部投注额时的期望收入。

$T_2 = T_1 - ES(1)$

表示在第一次投注后，未能最少收回全部投注额时，若进行第二次投注，应追加的投注额的期望值。

$P_2 = P\{w \geq T_1 + T_2\}$

表示在第一次投注后，未能最少收回全部投注额时，若进行第二次投注，第二次投注能最少收回所有投注额的概率。

$$ES(2) = \frac{1}{(1 - p_2)} \int_{-\infty}^{T_1 + T_2} wf(w)\,dw$$

表示第二次投注未收回全部投注额时的期望收入。

$T_3 = T_1 - ES(2)$

表示在第二次投注后，未能最少收回全部投注额时，若进行第三次投注，应追加的投注额的期望值。

$p_3 = P\{w \geq T_1 + T_2 + T_3\}$

表示在第二次投注后，未能最少收回全部投注额时，若进行第三次投注，第三次投注能最少收回所有投注额的概率。

$$p_i = P\left\{w \geq \sum_{k=1}^{i} T_k\right\}$$

表示在第（i-1）次投注后，未能最少收回全部投注额时，若进行第 i 次投注，第 i 次投注能最少收回所有投注额的概率。

$$ES(i) = \frac{1}{(1 - p_i)} \int_{-\infty}^{\sum_{k=1}^{i} T_k} wf(w)\,dw$$

表示第 i 次投注未收回全部投注额时的期望收入。

$$T_{i+1} = T_1 - ES(i)$$

表示在第 i 次投注后，未能最少收回全部投注额时，若进行第 $i+1$ 次投注，第 $i+1$ 次投注应追加的投注额的期望值。

若存在 i，使 $p_i = 0$，即第 i 次追加投注后，收回全部已付投注额的概率为 0（这时我们认为游戏该结束了）。

令 $I = \min\{i, p_i = 0\}$

则，

$$P = \sum_{j=1}^{I-1} p_j \left[\prod_{k=0}^{j-1} (1 - p_k) \right]$$

其中，$p_0 = 0$。

$$Rnq = \sum_{j=1}^{I-1} T_j$$

否则，

$$R = \sum_{j=1}^{\infty} p_j \left[\prod_{k=0}^{j-1} (1 - p_k) \right]$$

$$Rnq = \sum_{j=1}^{I-1} T_j$$

Rnq 叫作随机财富量 W 的风险中性量，对应的概率为 P，表示输光 Rnq 前全身而退的概率为 P，而在全身而退前输光 Rnq 的概率为 $1 - P$。

对任何财富风险变量，只要 $0 < E(W) < \infty$，就能算出 Rnq 和对应的 P，具有客观唯一性。

我们还可以考虑有限次（n 次）投注的情况，令

$$P(n) = \sum_{j=1}^{n} p_j \left[\prod_{k=0}^{j-1} (1 - p_k) \right]$$

$$Rnq(n) = \sum_{i=1}^{n} T_i$$

Rnq(n) 叫作随机财富量 W 的输光概率为 $(1 - P(n))$ 的风险中性量。

当然我们也可以考虑更一般的投注额 m：

$$T_1 = m$$

这时，对应的 Rnq^m 叫随机财富量 W 的投注额为 m 的风险中性量，它的输光概率为 $[1 - P^m]$。

同样我们也可以考虑有限次投注（n）的情况：

$$P^m(n) = \sum_{j=1}^{n} p_j \left[\prod_{k=0}^{j-1} (1 - p_k) \right]$$

$$Rnq^m(n) = \sum_{i=1}^{n} T_i$$

$Rnq^m(n)$ 叫作随机财富量 W 的投注额为 m、输光概率为 $[1 - P^m(n)]$ 的风险中性量。

对于任何财富随机变量，m、$Rnq^m(n)$、$P^m(n)$ 三者之间存在固定关系，给定两个变量值，第三个变量值就相应确定了（当然可能无解）。m、n 的引入使 m、$Rnq^m(n)$、$P^m(n)$ 可以应用于 E（W）为无穷大的情况（包括更一般的情况：对任意实数 M，$\int_{M}^{\infty} f(w) dw > 0$ 的情况）。

如前述圣彼得堡悖论中的例子，当投注常数 m = 10 时，其第 27 次投注对应的全身而退概率 $P^{10}(27) = 55.2\%$、风险中性量 $Rnq^{10}(27) = 126.2$。

从这个角度看，风险中性量能较好地显示风险状态的风险量，也是进行第一类风险管理决策时度量风险状态所含风险量的较好的风险测度。

这里再强调一下：第一类风险决策，只是要将风险状态域划分为可接受的和不可接受的两部分；不涉及哪一个或哪一类风险状态更好的问题。

3. 风险中性量计算例

我们来算几个风险中性量。

例 5 - 1 常数 A 的风险中性量为 A，全身而退的概率为 100%。

例 5 - 2 设随机财富量 W，$p(w) = \begin{cases} 0.5, & w = 0 \\ 0.5, & w = 2 \end{cases}$

则过程参数、风险中性量 Rnq(n) 和全身而退概率 P(n)，如表 5 - 1 所示。

表 5 - 1

n	T_n	P_n	ES（n）	风险中性量 Rnq（n）	全身而退概率 P（n）
1	1	0.5	0	1	0.5
2	1	0.5	0	2	0.75

如进行第三次投注，则总投注额为 3，而一次投注最多能收回 2。所以 W 的风险中性量为 2，全身而退的概率为 75%。

例 5 - 3 设随机财富量 W，$p(w)=\begin{cases}1/3, & w=0 \\ 1/3, & w=50 \\ 1//3, & w=100\end{cases}$

则过程参数、风险中性量 Rnq(n) 和全身而退概率 P(n)，如表 5 - 2 所示。

表 5 - 2

n	T_n	p_n	ES (n)	风险中性量 Rnq (n)	全身而退概率 P (n)
1	50	2/3	0	50	2/3
2	50	1/3	25	100	7/9

如进行第三次投注，则总投注额为 150，而一次投注最多能收回 100。所以 W 的风险中性量为 100，全身而退的概率为 7/9。

例 5 - 4 设随机财富量 W，$p(w)=\begin{cases}1/3, & w=25 \\ 1/3, & w=50 \\ 1/3, & w=75\end{cases}$

则过程参数、风险中性量 Rnq(n) 和全身而退概率 P(n)，如表 5 - 3 所示。

表 5 - 3

n	T_n	P_n	ES (n)	风险中性量 Rnq (n)	全身而退概率 P (n)
1	50	2/3	25	50	2/3
2	25	1/3	75/2	75	7/9

如进行第三次投注，则总投注额超过 75，而一次投注最多能收回 75。所以 W 的风险中性量为 75，全身而退的概率为 7/9。

对于任何财富随机变量，正如我们可以得到 ES_q 曲线或 VaR_α 曲线一样，我们都可得到 Rng_p 列表。如果确定了风险主体承担风险的能力（总赌注），假设风险主体投注成本是 E(W)，那么，Rng_p 列表就能告诉你全身而退的概率或破产输光的概率。例如，在圣彼得堡赌局中，如果每次投注额为 10 元（因 E(W) 无穷大），赌徒的总赌资只有 10 元，那么他全身而退的概率只有 12.5%；如果他的赌资有 127 元，那么他全身而退的概率就超过 55.2%，而如果他的赌资有 1024 元，那么他全身而退的概率就超过 93%。

4. 标准正态分布的风险中性量

我们给出了标准正态分布风险中性量和全身而退概率的计算公式，见附录 5-2。表 5-4 是前五次投注的风险中性量和全身而退概率。

表 5-4 标准正态分布前五次投注的风险中性量和全身而退概率表

n	T_n	P_n	ES (n)	风险中性量 Rnq (n)	全身而退概率 P (n)
1	0	0.5	-0.7979	0	0.5
2	0.7979	0.2119	-0.2902	0.7978	0.6060
3	0.2902	0.14	-0.2566	1.0881	0.6611
4	0.2566	0.0853	-0.1717	1.3654	0.6900
5	0.1717	0.0618	-0.1245	1.5371	0.7091

最后，我们想指出，相较于 W 的风险中性量，$\dfrac{W-E(W)}{\sqrt{D(W)}}$ 的风险中性量更能揭示 W 的不确定性特征。我们可以将前者称为绝对风险中性量，后者称为相对风险中性量。从这个意义上讲，标准正态分布的风险中性量有标示意义。

第三节　第二类风险管理决策与风险标准体系

在第一类风险管理决策中，对风险状态的风险量（风险的财富损耗性）已予以度量、评价，所以对于在可接受风险状态域内的风险比较、选优、配置、风险量的考虑就不再是重点，或者说可以不予考虑。这时决策的目的回到行为的目的实现程度（即我们可以只考虑风险的财富增加性），从经济角度考虑，期望值应是终极决策测度。所以第二类决策又可以称为风险中性决策。

前景理论（包括累积前景理论）聚焦于人们是如何进行风险决策的。与此不同，我们这里关心的是风险主体应如何进行第二类风险管理决策。在可接受风险状态域，所有风险对风险主体而言是"风险中性的"、风险主体在此域内所做风险决策也是"风险中性的"——从这个角度讲风险中性的就是理性的。所以期望值就是理所当然的测度。

这里笔者想强调，风险主体面临风险时，采用什么风险态度（如果要有态度的话），不应由过往经历或本能决定，而应由内外环境和行为目的来决定。换句话说，做风险管理决策时，应该采取的风险态度是没有态度或风险中性，所有理性的风险管理决策都应是风险中性决策（多年前笔者就在思考 Markowitz 风险价格和风险规避态度的 Pratt – Arrow 度量是否有朝一日成为过时知识）。

在风险中性决策下（理性决策下），不同收益点的钱本身没有区别，也就是没有边际效用递增递减问题。

但对于具体的风险主体，我们认为不同收益点的钱的潜在价值确实有区别，所以第二类决策的测度是 $E[V(W)]$ ——财富潜在价值函数的期望值。而我们认为财富潜在价值函数 $V(W)$ 是由作用于风险主体身上的风险标准体系决定的。

一、风险标准体系

在风险管理学中有风险标准的概念：评价风险重要性的依据。它是风险主体的内部环境和外部环境对风险指标做出的要求或规定。

任何一个风险主体在任何一个风险上，都可能面临为数不等的风险标准。正是这些标准使"不同收益点"相同数量的钱有不同的"价值"。

例如笔者所在学校的学生最后成绩是由 100 制转换为等级制，100 制分数从 83 分增加 1 分到 84 分时，最后的成绩都是 A⁻——等级没有增加，但从 84 分增加 1 分到 85 分时，最后的成绩从 A⁻ 变为 A。

某市为促进高新技术企业发展，有所谓科技三项基金——政府每年无偿向认定为高新技术企业的企业提供 300 万元人民币。高新技术企业认定标准之一是：前一年税前利润额达到 100 万元人民币。这时企业税前利润额从 50 万元增加 1 万元和从 99 万增加 1 万元就完全不是一回事。

某高校评教授，要求发表某级别论文 6 篇，这时，从第 1、第 2、第 3、第 4 篇增加 1 篇，只有量的变化，从第 5 篇增加到第 6 篇就有质的变化。

一国证券法曾规定：若违规后盈利，罚盈利额的 5 倍；若违规后亏损，罚 30 万元。于是违规后如何证明盈利了 1 元成为关键。

我们常常见到关键的 1 分、关键的 1 元、关键的 1 票。

我常常感叹，作用于我们身上的"规定"何其多！而我们很多时候根本不知道它们的存在。它们是否就是使我们面对不确定性时手足无措的原因呢？

以下，我们定义风险标准和风险标准体系。

风险标准：风险主体的内部环境和外部环境对风险指标达到或未达到规定水

平时作出的奖惩安排。

风险标准体系：风险主体的内部环境和外部环境对风险指标达到或未达到规定水平时做出的奖惩安排的总体。

如果风险指标是一个财富随机变量，那么风险标准体系就决定了财富潜在价值函数 V（W）。图 5－1 是一个示意图。

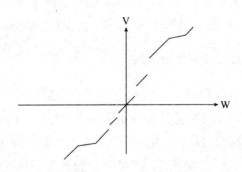

图 5－1　风险标准体系决定财富潜在价值函数 V（W）

二、阿莱斯悖论 A、B 赌局的选择

谈谈阿莱斯悖论 A、B 赌局的选择。B 赌局实际上是这样一个赌局：用 100 万美元（选择 B，意味着失去 A 的 100 万美元），取得随机财富量 B。这里首要的问题不是值不值得的问题，而是有多少人能承担这样一个赌局（赌局 B 含 1% 概率失去 100 万美元），是第一类风险决策问题。由于 100 万美元超过了绝大多数人的风险承担能力，所以大多数人选择 A 是正常的结果（选择 B 的人数比例可能正好反映了富人的比例）。

笔者认为在这两种情况下，人们会选择 B。

第一，如果标的货币由美元改为越南盾（1 美元≈22000 越南盾）。

这时，0～100 万越南盾都是小数目，在这个小价值范围内，潜在价值函数就近乎直线。人们一定会，也应该选择 B。

第二，如果 100 个实验者都是亿万富豪。

这时，0～100 万美元也都是小数目，潜在价值函数就近乎直线。人们一定会，也应该选择 B。

因为两种情况下，风险都变成可接受风险，风险主体回到风险中性状态，其财富潜在价值函数为直线。

第四节　第三类风险管理决策

第三类风险管理决策要综合考虑风险状态所含风险量和财富目标实现程度（即风险的财富损耗性和财富增加性），本质上是多目标规划问题。

一、均值—方差标准及其扩展思路

评价风险状态优劣的均值—方差标准是一个典型的第三类风险管理决策标准，其均值反映财富目标的实现程度、方差则表示风险状态内含风险量的大小。

在第四章中我们已经讨论过，均值—方差标准不具备完备性。但均值—方差标准直接导致了资本资产定价模型（CAPM）和资本市场线（CML）方程的出现。而资本市场线（CML）方程揭示了人们在目标实现程度（均值）和可承担的风险（方差）之间的平衡关系。

均值—方差标准虽然涉及目标实现程度和风险状态所含风险量，但该标准有两个缺陷：①不完备性；②用方差刻画风险状态所含风险量也有不妥之处：对风险主体承担风险能力的损耗究竟是多少？

因为 VaR、ES、Rnq 描述的都是风险状态对风险主体承担风险能力的损耗量，所以笔者建议，在实际决策中我们可以考虑：均值—VaR 标准，均值—ES 标准，均值—Rnq 标准。

这应该是一个新思路。

二、目标分层与目标加权

目标分层与目标加权是多目标规划的两种基本规划方法。

1. 目标分层

目标分层就是将目标分为高低不同的级别，决策时，只有基本上满足了上一层次目标的方案，才能留下作为是否能满足次级目标的备选方案，如此依次进行，直到做出最后决策。

在我们风险管理决策中，第一类决策和第二类决策实际上就是目标分层决策中两个层次的决策。决策中，第一层次的目标是剔除风险主体不能承担其潜在风险量的风险状态，留下风险主体可接受的风险状态域；第二层次的目标是，在可接受风险状态域中，选使风险主体的满足程度最大的风险状态（也可以是使风险主体满足程度达到某一水平的所有风险状态的一个集合，以此作为备选对象，我们可以进行第三层次的决策，如第三类风险管理决策——新的多目标决策）。

2. 目标加权

如果多个目标的重要性之间只有量上的差异，并无质上的所谓层次之分，那么，我们可以加权目标，据此决策。如对财富风险状态 W，我们用测度 f_1 度量其满足风险主体财富目标的程度（f_1 越大越好），又用 f_2 度量其所含风险量（f_2 越小越好），而我们认为这两个测度并无质上的差异。那么，可以构造一个新的测度：

$$f_3 = \lambda f_1 - (1 - \lambda) f_2, \ 0 < \lambda < 1$$

以其大小来评价风险状态的优劣。至于 λ 大小的确定可以主观确定，也可以引入客观标准确定。

风险管理原理

附　录

附录 5 - 1　围绕圣彼得堡悖论的研究和圣彼得堡悖论的赌客输光问题

为使读者更好地理解风险中性量概念，有必要总结一下围绕圣彼得堡悖论的研究（建议参看 http：//psychology. wikia. com/wiki/St. _ Petersburg_ paradox）。

自 1713 年开始，围绕圣彼得堡悖论的研究论文多如繁星。大部分研究集中于对悖论的解答，也有少部分研究聚焦于模拟赌局。

最早的模拟是由尼古拉斯·伯努利的友人、那个有名的布丰（Buffon，就是那个布丰投针的布丰先生）雇佣儿童完成的，经过 2048 次投注，统计算得公平的门票价格约是 10 元。最新的模拟于 2016 年 10 月发表，说是模拟的结果揭示了幂定律在发挥作用。

在笔者看来，圣彼得堡悖论的数学描述得如此清晰，似无模拟必要（自前景理论发表后，人们太过热衷于经济行为的计算机模拟）。1977 年，萨缪尔森对"布丰投币"有一个评论，认为对于像圣彼得堡悖论这样的问题，用区区 2048 次投注的结果估计答案，有点孩子气。

在圣彼得堡悖论解答方面，大量的研究执迷于为赌局找公平或渐近公平（Asymptotically Fair）的门票价，其方法与结论五花八门。

不过，理性者大致会同意笔者的如下两个观点。

第一，无论设局者（Casino）开出多高的有限门票价，理论上存在"既有钱又有闲"的赌客（Gambler），经重复投注而使总财富额有限的设局者破产（如设门票价为 m，我们总可设赌客一次投注的期望收入大于等于 2m，取小为 2m，这时大数定律和中心极限定律都将发挥作用，随着投注次数 n 的增加，赌客每次投注的平均收益无限接近于 2m、扣除门票的平均净收益无限接近于 m，总净收入无限接近于 nm，显然随着 n 的增加，设局者最后会破产）。

第二，现实中，所有赌客的钱和闲的总和是有限的，设局者可以开出一个门票价格（在圣彼得堡赌局中，这个价格不一定很高），使所有赌客有极大的概率（Casino 甚至可以设定这个概率）等不到设局者破产，就先在闲或钱上破产了。

这样，围绕圣彼得堡悖论的研究就有另一个重要的方向，叫作赌客输光（Gambler's Ruin）。赌客输光是一个古老而重要的研究领域（2013 年，韩国学者对其有过系统研究），惠更斯（Christiaan Huygens，1629－1695）就是通过研究赌客输光（也叫惠更斯第 5 问题）等博弈问题而建立概率论的，1657 年惠更斯发表《论赌博中的计算》。

从风险管理的角度看，赌客输光问题显然更值得圣彼得堡悖论的研究者们重视。但奇怪的是，在围绕圣彼得堡悖论的研究中，有关赌客输光方面的研究不多。资料显示，尼古拉斯·伯努利在提出圣彼得堡悖论的同时就研究过有关赌客输光方面的问题，但没有资料显示他在圣彼得堡悖论的研究中有过这个方向的考虑。研究显示，1901 年，有个叫惠特沃思（Whitworth）的，从赌客输光的方向研究过圣彼得堡悖论的合理价格，惠特沃思认为一个审慎的玩家不会每次投注额相同，而是每次投注额占其总赌资的一定比例。惠特沃思给出了如何根据总赌资计算门票价的公式并给出了部分计算结果（见附表 5－1，他的赌局设定是：如果首次出现硬币正面是第 k 次投币，则收入为 2^{k-1}），其后还研究了拓展问题。

附表 5－1 惠特沃思（Whitworth）给出的总赌资和公平价格的对应关系

n florins	8	32	1024
Entrance fee	3.796	4.025	6.176

资料来源：Donald Richards. The St. Petersburg Paradox and the Quantification of Irrational Exuberance［EB/OL］. http：//sites. stat. psu. edu/~richards/bgsu/bgtalk1. pdf.

但惠特沃思给出的公式和结论（缺乏过程）显然有值得质疑的地方：首先，联系总赌资（输光点）和门票价的一定还有一个量，就是输光的概率，但在其公式和结论中没有见到概率或置信度表述（赌徒输光问题问的就是输光概率）；其次，设局者（Casino）实际上只能设定定额门票价。

以下笔者从一个新角度考虑圣彼得堡悖论的赌客输光问题。

我们设：赌客投注 m 元（Casino 设定的门票）开始投币，如果首次出现硬币正面是第 k 次投币，则收入为 2^k，本次投注结束；如第一次投注就最少收回了本钱（≥m 元），他就停止投注并离场（赌局结束），如未收回投注额（但收入了 a 元），他将进行第二次投注，投注额同样为 m（这时须追加 m－a

元），如果第二次投注的收入最少收回了两次投注成本（≥2m－a），他就停止投注并离场（赌局结束），如果第二次未能收回成本，他将继续投注，直到最少收回所有成本。我们考虑一定置信度（比如60%等）下首次最少收回所有已付投注额时的累计投注额。该值表示，若你反复用m元投注，则在该置信度下你首次最少收回全部投注额前，你需要准备的总投注额。若你口袋里有这么多钱，则在该置信度下（如60%的概率）你在花光所有钱之前可以最少收回全部投注额。否则，你有一定（如40%）的可能性，在那些巨额回报出现前花光了所有钱。

这里，我们规定两种情况下，本场"赌局"结束：①赌客首次最少收回了所有赌资，这时赌客可以满意离场（当然他可以考虑参加下一场赌局）；②输光了所有赌资，这时赌客将被迫离场。这符合赌客心理与习惯。

为简化计算，我们对上述圣彼得堡悖论中的设局做进一步简化：我们设首次投注额为10元，这时投注者有 $\frac{1}{8}=0.125$ 的概率最少收回全部投注额并离场，有 $\frac{7}{8}$ 的概率没有收回全部投注额，具体情况是：在这 $\frac{7}{8}$ 的条件概率下，有 $\frac{1}{2}$ 的概率收入为2元，有 $\frac{1}{4}$ 的概率收入为4元，有 $\frac{1}{8}$ 的概率收入为8元，收入的期望值是 $\frac{8}{7} \times 3 = 3.4286$。在正常情况下，分别收入2元、4元、8元时，要将投注额追加到10元，分别应追加8元、6元、2元，我们简化为，设局者同意投注者只要将首次投注收入（无论是2元、4元还是8元）留下，再追加 $10 - 3.4286 = 6.5714$ 元即可再投注。

前两次投注额之和为16.5712（10＋6.5714）元，第二次投注（ $\frac{7}{8}$ 条件概率下）有 $\frac{1}{16}$ 的概率（完整概率是 $\frac{7}{8} \times \frac{1}{16} = 0.05469$ ）最少收回全部投注额（16.5712元）并离场，有 $\frac{15}{16}$ 的概率没有收回全部投注额，这时收入的期望值是 $\frac{16}{15} \times 4 = 4.2667$ 元。设局者同意投注者只要将4次投注收入留下（无论是2元、4元还是8元、16元），再追加 $10 - 4.2667 = 5.7333$ 元即可再投注。

我们计算了前715次的情况。摘要如附表5－2所示。

附表 5-2　715 次投注结果摘要

投注次第数	首次最少收回全部投注额的概率增加值的计算公式	首次最少收回全部投注额的累计概率	继续投注时应追加的投注额	累计投注额
1	$\dfrac{1}{8}$	0.125		10
2	$\left(\dfrac{7}{8}\right)^1 \times \left(\dfrac{15}{16}\right)^0 \times \dfrac{1}{16} = 0.0546875 = a_2$	0.180	$10 - \dfrac{8}{7} \times 3 = 6.5714$	16.57
3	$\left(\dfrac{7}{8}\right)^1 \times \left(\dfrac{15}{16}\right)^1 \times \dfrac{1}{16}$		$10 - \dfrac{16}{15} \times 4 = 5.7333$	22.30
4	$\left(\dfrac{7}{8}\right)^1 \times \left(\dfrac{15}{16}\right)^2 \times \dfrac{1}{16}$ 第 2~4 次投注增加的概率 $= a_2 \times 16 \times \left[1 - \left(\dfrac{15}{16}\right)^3\right] = 0.1540$	0.279	5.7333	28.04
5	$\left(\dfrac{7}{8}\right)^1 \times \left(\dfrac{15}{16}\right)^3 \times \left(\dfrac{31}{32}\right)^0 \times \dfrac{1}{32} = 0.022530555725097 = a_5$		5.7333	33.77
6	$\left(\dfrac{7}{8}\right)^1 \times \left(\dfrac{15}{16}\right)^3 \times \left(\dfrac{31}{32}\right)^1 \times \dfrac{1}{32}$		$10 - \dfrac{32}{31} \times 5 = 4.8387$	38.61
11	$\left(\dfrac{7}{8}\right)^1 \times \left(\dfrac{15}{16}\right)^3 \times \left(\dfrac{31}{32}\right)^6 \times \dfrac{1}{32}$ 第 5~11 次投注增加的概率 $= a_5 \times 32 \times \left[1 - \left(\dfrac{31}{32}\right)^7\right] = 0.1437$	0.423	4.8387	62.80
12	$\left(\dfrac{7}{8}\right)^1 \times \left(\dfrac{15}{16}\right)^3 \times \left(\dfrac{31}{32}\right)^7 \times \left(\dfrac{63}{64}\right)^0 \times \dfrac{1}{64} = 0.0090203609633462 = a_{12}$		4.8387	67.64
13	$\left(\dfrac{7}{8}\right)^1 \times \left(\dfrac{15}{16}\right)^3 \times \left(\dfrac{31}{32}\right)^7 \times \left(\dfrac{63}{64}\right)^1 \times \dfrac{1}{64}$		$10 - \dfrac{64}{63} \times 6 = 3.9047$	71.55
27	$\left(\dfrac{7}{8}\right)^1 \times \left(\dfrac{15}{16}\right)^3 \times \left(\dfrac{31}{32}\right)^7 \times \left(\dfrac{63}{64}\right)^{15} \times \dfrac{1}{64}$ 第 12~27 次投注增加的概率 $= a_{12} \times 64 \times \left[1 - \left(\dfrac{63}{64}\right)^{16}\right] = 0.1286$	0.552	3.9047	126.2
28	$\left(\dfrac{7}{8}\right)^1 \times \left(\dfrac{15}{16}\right)^3 \times \left(\dfrac{31}{32}\right)^7 \times \left(\dfrac{63}{64}\right)^{16} \times \left(\dfrac{127}{128}\right)^0 \times \dfrac{1}{128} = 0.0035056062030733 = a_{28}$		3.9047	130.1

投注次第数	首次最少收回全部投注额的概率增加值的计算公式	首次最少收回全部投注额的累计概率	继续投注时应追加的投注额	累计投注额
29	$\left(\frac{7}{8}\right)^{1} \times \left(\frac{15}{16}\right)^{3} \times \left(\frac{31}{32}\right)^{7} \times \left(\frac{63}{64}\right)^{16} \times \left(\frac{127}{128}\right)^{1} \times \frac{1}{128}$		$10 - \frac{128}{127} \times 7 = 2.9449$	133.1
70	$\left(\frac{7}{8}\right)^{1} \times \left(\frac{15}{16}\right)^{3} \times \left(\frac{31}{32}\right)^{7} \times \left(\frac{63}{64}\right)^{16} \times \left(\frac{127}{128}\right)^{42} \times \frac{1}{128}$ 第 $28 \sim 70$ 次投注增加的概率 $= a_{28} \times 128 \times \left[1 - \left(\frac{127}{128}\right)^{43}\right] = 0.1285$	0.68	2.9449	253.8
71	$\left(\frac{7}{8}\right)^{1} \times \left(\frac{15}{16}\right)^{3} \times \left(\frac{31}{32}\right)^{7} \times \left(\frac{63}{64}\right)^{16} \times \left(\frac{127}{128}\right)^{43} \times \left(\frac{255}{256}\right)^{0} \times \frac{1}{256} = 0.0012510205371653 = a_{71}$		2.9449	256.7
72	$\left(\frac{7}{8}\right)^{1} \times \left(\frac{15}{16}\right)^{3} \times \left(\frac{31}{32}\right)^{7} \times \left(\frac{63}{64}\right)^{16} \times \left(\frac{127}{128}\right)^{43} \times \left(\frac{255}{256}\right)^{1} \times \frac{1}{256}$		$10 - \frac{512}{511} \times 8 = 1.9843$	
199	$\left(\frac{7}{8}\right)^{1} \times \left(\frac{15}{16}\right)^{3} \times \left(\frac{31}{32}\right)^{7} \times \left(\frac{63}{64}\right)^{16} \times \left(\frac{127}{128}\right)^{43} \times \left(\frac{255}{256}\right)^{128} \times \frac{1}{256}$ 第 $71 \sim 199$ 次投注增加的概率 $= a_{71} \times 256 \times \left[1 - \left(\frac{255}{256}\right)^{129}\right] = 0.12697$	0.807	1.9843	510.7
200	$\left(\frac{7}{8}\right)^{1} \times \left(\frac{15}{16}\right)^{3} \times \left(\frac{31}{32}\right)^{7} \times \left(\frac{63}{64}\right)^{16} \times \left(\frac{127}{128}\right)^{43} \times \left(\frac{255}{256}\right)^{129} \times \left(\frac{511}{512}\right)^{0} \times \frac{1}{512} = 0.0003775393244320392 = a_{200}$		1.9843	512.7
201	$\left(\frac{7}{8}\right)^{1} \times \left(\frac{15}{16}\right)^{3} \times \left(\frac{31}{32}\right)^{7} \times \left(\frac{63}{64}\right)^{16} \times \left(\frac{127}{128}\right)^{43} \times \left(\frac{255}{256}\right)^{129} \times \left(\frac{511}{512}\right)^{1} \times \frac{1}{512}$		$10 - \frac{1024}{1023} \times 9 = 0.9912$	

续表

投注次第数	首次最少收回全部投注额的概率增加值的计算公式	首次最少收回全部投注额的累计概率	继续投注时应追加的投注额	累计投注额
715	$\left(\dfrac{7}{8}\right)^{1}\times\left(\dfrac{15}{16}\right)^{3}\times\left(\dfrac{31}{32}\right)^{7}\times\left(\dfrac{63}{64}\right)^{16}\times\left(\dfrac{127}{128}\right)^{43}\times$ $\left(\dfrac{255}{256}\right)^{129}\times\left(\dfrac{511}{512}\right)^{515}\times\dfrac{1}{512}$ 第 200～715 次投注增 加的概率 $=a_{200}\times512\times\left[1-\left(\dfrac{511}{512}\right)^{516}\right]=0.1228$	0.930	0.9912	1023.2

计算结果表明，如果赌客总赌资为 126.2 元，则在输光前可以全身而退（首次收回全部投注额时离场）的概率为 55.2%，当然这也表示赌客有 44.8% 的概率输光全部赌资；如果赌客总赌资为 253.8 元，则在输光前可以全身而退的概率和输光全部赌资的概率分别为 68% 、32% ；如果赌客总赌资为 510.7 元，这两个概率分别为 80.7% 、19.3% 。

显然，门票价 m、赌客总赌资 M、输光前全身而退概率 P 三者之间存在如下方程式：

$f(m, M, P) = 0$

但不能保证任何两个变量确定时，第三者有解，例如，M 较小、P 较大时，可能就无 m 解。

对以上圣彼得堡赌局的赌客输光问题，我们要做一点补充说明：按上述约定（设局者同意投注者只要将次投注收入留下，再追加次投注期望收入与 10 元门票价的差额即可再投注），那么 715 次投注后，赌客无须再追加赌资了，因为第716 次投注如未收回超过 1024 元的总赌资，则其收入的期望值为 $\dfrac{2048}{2047}\times10$，大于10 元的门票价。正如前面我们所说，10 元是一个有限的门票，所以理论上，随着重复投注次数趋于无穷，赌客全身而退的概率会趋于 100% 。

附录 5-2　标准正态分布的风险中性量的计算

1. 假设

$W \sim N(0, 1)$

密度函数为：

$$f(w) = \frac{e^{-\frac{w^2}{2}}}{\sqrt{2\pi}}$$

2. 备用公式

$$\int_{-\infty}^{a} \frac{w}{\sqrt{2\pi}} e^{-\frac{w^2}{2}} dw = \frac{e^{-\frac{a^2}{2}}}{\sqrt{2\cdot\pi}}$$

$$\frac{1}{\sqrt{2\pi}} = 0.39894$$

$$P_i = P\left\{w \geq \sum_{k=1}^{i} T_k\right\}$$

$$ES(i) = \frac{1}{(1-p_i)} \int_{-\infty}^{\sum_{k=1}^{i} T_k} wf(w)dw$$

$$T_{i+1} = T_1 - ES(i)$$

$$P(n) = \sum_{j=1}^{n} p_j \left[\prod_{k=0}^{j-1}(1-p_k)\right] = P(n-1) + p_n \prod_{k=0}^{n-1}(1-p_k)$$

其中：$P(0)p_0 = 0$

3. $n = 1$ 至 $n = 5$ 的风险中性量的计算

$$T_1 = E(w) = 0$$

$$p_1 = P\left\{w \geq \sum_{k=1}^{1} T_k\right\} = \int_{0}^{+\infty} f(w)dw = 0.5$$

$$ES(1) = \frac{1}{0.5} \int_{-\infty}^{0} wf(w)dw = \frac{1}{0.5} \int_{-\infty}^{0} w \frac{1}{\sqrt{2\pi}} e^{-\frac{w^2}{2}} dw = -0.79788$$

首次投注额为 0，收入大于等于 0 的概率为 0.5，收入小于 0 的期望值 ES(1) 为 -0.79788，如附图 5-1 所示。

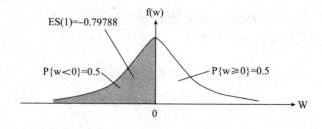

附图 5-1　首次投注就全身而退的概率和不能全身而退时产生的期望收入 ES

$$T_2 = T_1 - (-0.7978845) = 0.79788$$

$$p_2 = p\{w \geq T_1 + T_2\} = \int_{0.7978845}^{-\infty} f(w)\,dw = 0.2119$$

$$ES(2) = \frac{1}{0.7881} \int_{-\infty}^{0.7978845} w\frac{1}{\sqrt{2\pi}}e^{-\frac{w^2}{2}}\,dw = -\frac{e^{\frac{-0.7978845^2}{2}}}{0.7881 \times \sqrt{2\pi}} = -0.29018$$

第二次投注额为 0.79788，收入大于等于 0.79788 的概率为 0.2119，收入小于 0.79788 的期望值 ES（2）为 -0.29018，如附图 5 -2 所示。

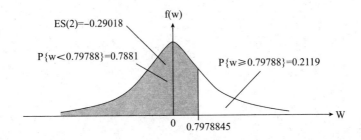

附图 5 -2   第二次投注全身而退的概率和不能全身而退时产生的期望收入 ES

$$T_3 = 0.29018$$

$$p_3 = p\left\{w \geq \sum_{k=1}^{3} T_k\right\} = P\{w \geq 1.088069\} = 0.14$$

$$ES(3) = \frac{1}{(1-p_3)} \int_{-\infty}^{\sum_{k=1}^{3} T_k} wf(w)\,dw$$

$$= \frac{1}{0.86} \int_{-\infty}^{1.08807} w\frac{1}{\sqrt{2\pi}}e^{-\frac{w^2}{2}}\,dw = -\frac{e^{-\frac{1.08807^2}{2}}}{0.86 \times \sqrt{2\pi}} = -0.2566$$

$$T_4 = T_1 - ES(3) = 0.2566$$

$$p_4 = P\left\{w \geq \sum_{k=1}^{4} T_k\right\} = P\{w \geq 1.3654\} = 0.0853$$

$$ES(4) = \frac{1}{(1-p_4)} \int_{-\infty}^{\sum_{k=1}^{4} T_k} wf(w)\,dw = \frac{1}{0.9148} \int_{-\infty}^{1.3654} w\frac{1}{\sqrt{2\pi}}e^{-\frac{w^2}{2}}\,dw$$

$$= -\frac{e^{\frac{1.3654^2}{2}}}{0.9148 \times \sqrt{2\pi}} = -0.1717$$

$$T_5 = T_1 - ES(4) = 0.1717$$

$$p_5 = P\left\{w \geqslant \sum_{k=1}^{5} T_k\right\} = P\{w \geqslant 1.5371\} = 0.0618$$

$$ES(5) = \frac{1}{(1 - p_5)} \int_{-\infty}^{\sum_{k=1}^{5} T_k} wf(w)dw$$

$$= \frac{1}{0.9832} \int_{-\infty}^{1.5371} w \frac{1}{\sqrt{2\pi}} e^{-\frac{w^2}{2}} dw = - \frac{e^{-\frac{1.5371^2}{2}}}{\sqrt{0.9832 \times 2\pi}} = -0.1245$$

参考文献

［1］郭立夫等. 决策理论与方法［M］. 北京：高等教育出版社，2015.

［2］Silva S. D. , Matsushita R. The St. Petersburg Paradox：An Experimental Solution［J］. Physica A – statistical Mechanics and its Applications, 2016, 445 (4)：66 – 74.

［3］Szekely G. J. , Richards D S. The St. Petersburg Paradox and the Crash of High – Tech Stocks in 2000 ［J］. The American Statistician, 2004, 58 (3)：227.

［4］Seongjoo Songa, Jongwoo Song. A Note on the History of the Gambler's Ruin Problem［J］. Communications for Statistical Applications and Methods, 2013 (1)：1 – 12.

习　题

一、计算题

1. 计算阿莱斯悖论中所设四个财富随机变量的 Rnq。

赌局 A：100% 的机会得到 100 万元。

赌局 B：10% 的机会得到 500 万元，89% 的机会得到 100 万元，1% 的机会什么也得不到。

赌局 C：11% 的机会得到 100 万元，89% 的机会什么也得不到。

赌局 D：10% 的机会得到 500 万元，90% 的机会什么也得不到。

2. 若阿莱斯悖论赌局 B 中 10% 的机会得到 500 万元，但收入为 100 万元的概率为 λ（0% ~ 90%），请计算其风险中性量。

二、思考题

穷人买保险，富人开保险公司，结果是穷者越穷，富者越富。更简单的说法是：穷人所有挣钱的领域，富人都可以参与；反之则不然（一是钱的问题，二是资格的问题——如金融市场的所谓投资者适当性管理）。所以风险管理的实践结果是：整个社会贫富差距越来越大。因此有人说：最大的风险是不冒险。你有什么观点？

第六章　风险管理技术

如何改变风险状态是风险管理最核心的内容之一。由于原始风险状态是由一系列因果关系积累形成的，所以改变原始风险状态的工作可以作用于任何一个环节，为此人类发展了一系列的风险管理技术。

风险管理技术大致可以分为：控制型风险管理技术——作用于原始风险状态的形成过程的风险管理技术；财务型风险管理技术——作用于结果，即在风险市场上，将原始风险状态 x 交换为 y 的风险管理技术。

由于因果关系的相对性，财务型风险管理技术也就具有了相对性：较低级别的财务型风险管理技术相对于更高级别的风险管理技术，也可理解为广义的控制型风险管理技术。

风险管理技术还可以分为依赖风险市场的风险管理技术和不依赖风险市场的管理技术。前者必须在具备风险市场的条件下，风险主体才可采用（主要是财务型风险转移技术）；而后者并不依赖风险市场。

第一节　控制型风险管理技术

控制型风险管理技术是作用于原始风险状态的形成过程，所以了解有关风险状态形成过程的理论（风险致因理论）是十分有必要的。

一、风险致因理论

由于风险管理技术源于保险，所以风险致因理论迄今还主要是指事故（损失、灾害）致因理论，以下是四种风险致因理论。

（一）事故频发倾向理论（Accident Proneness）

事故频发倾向理论是阐述企业工人中存在着个别人容易发生事故的、稳定的个人内在倾向的一种理论。1919 年，英国的格林伍德（M. Greenwood）和伍兹（H. H. Woods）对工厂里伤害事故发生次数资料做分布检验。他们发现伤害事故发生次数可能服从三种分布。

1. 泊松分布（Poission Distribution）

当员工发生事故的概率不存在个体差异时（即不存在事故频发倾向者时），一定时间内事故发生次数服从泊松分布。在这种情况下，事故的发生是由于工厂里的生产条件、机械设备方面的问题，以及一些其他偶然因素引起的。

2. 偏倚分布（Biased Distribution）

一些工人由于存在着精神或心理方面的毛病，如果在生产操作过程中发生过一次事故，则会造成胆怯或神经过敏，当再继续操作时，就有重复发生第二次事故、第三次事故的倾向，这会使工厂伤害事故发生次数服从偏倚分布。

3. 非均等分布（Distribution of Unequal Liability）

当工厂中存在多个特别容易发生事故的人时，发生不同次数事故的人数服从非均等分布，即每个人发生事故的概率不相同。在这种情况下，事故的发生主要是由于人的因素引起的。

为了检验事故频发倾向的稳定性，他们计算了被调查工厂中同一个人在前 3 个月和后 3 个月里发生事故次数的相关系数，结果发现，工厂中存在着事故频发倾向者，并且前后 3 个月事故次数的相关系数变化在 0.37 ± 0.12 到 0.72 ± 0.07 之间，皆为正相关。

1926 年纽鲍尔德研究大量工厂中事故发生次数分布，证明事故发生次数服从发生概率极小，且每个人发生事故概率不等的统计分布。他计算了一些工厂中前 5 个月和后 5 个月事故次数的相关系数，也证明了存在着事故频发倾向者。

在此研究基础上，1939 年，法默（Farmer）和查姆勃（Chamber）等提出了事故频发倾向（Accident Proneness）理论。事故频发倾向（Accident Proneness）是指个别人具有的容易发生事故的、稳定的个人内在倾向。事故频发倾向者的存在是工业事故发生的主要原因，即少数具有事故频发倾向的工人是事故频发倾向者，他们的存在是工业事故发生的原因。企业减少了事故频发倾向者，就可以减少工业事故。

因此，人员选择就成了预防事故的重要措施。一些工厂因而通过严格的生理、心理检验，从众多的求职人员中选择身体、智力、性格特征及动作特征等方面优秀的人才就业，而把企业中的所谓事故频发倾向者解雇。

据国外文献介绍，事故频发倾向者往往具有如下的性格特征：①感情冲动，容易兴奋；②脾气暴躁；③厌倦工作，没有耐心；④慌慌张张，不沉着；⑤动作生硬而工作效率低；⑥喜怒无常，感情多变；⑦理解能力低，判断和思考能力差；⑧极度喜悦和悲伤；⑨缺乏自制力；⑩处理问题轻率、冒失；⑪运动神经迟钝，动作不灵活。日本的丰原恒男发现容易冲动的人、不协调的人、不守规矩的人、缺乏同情心的人和心理不平衡的人发生事故次数较多（见表6－1）。

表6－1　事故频发者的特征

性格特征	容易冲动	不协调	不守规矩	缺乏同情心	心理不平衡
事故频发者（%）	38.9	42.0	34.6	30.7	52.5
其他人（%）	21.9	26.0	26.8	0	25.7

但也有许多研究结果证明，事故频发倾向者并不存在。

当每个人发生事故的概率相等且概率极小时，一定时期内发生事故次数服从泊松分布。根据泊松分布，大部分工人不发生事故，少数工人只出一次事故，只有极少数工人发生两次以上事故。大量的事故统计资料证明事故发生次数服从泊松分布的。例如，莫尔（D. L. Morh）等研究了海上石油钻井工人连续2年时间内伤害事故情况，得到了受伤次数多的工人数没有超出泊松分布范围的结论。

许多研究结果表明，某一段时间里发生的事故次数多的人，在以后的时间里往往发生的事故次数就不再多了，事故频发倾向者并非永远是事故频发倾向者。通过数十年的实验及临床研究，很难找出事故频发者的稳定的个人特征。换言之，许多人发生事故是由于他们行为的某种瞬时特征引起的。

根据事故频发倾向理论，防止事故的重要措施是人员选择（Screen）。但是许多研究表明，把事故发生次数多的工人调离后，企业的事故发生率并没有降低。例如，韦勒（Waller）对司机的调查，伯纳基（Bernacki）对铁路调车员的调查，都证实了调离或解雇发生事故多的工人，并没有减少伤亡事故发生率。

其实，工业生产中的许多操作对操作者的素质都有一定的要求，或者说，不同工作对工作人员有一定的职业适合性要求。当人员的素质不符合生产操作要求时，人在生产操作中就会发生失误或不安全行为，从而导致事故发生。危险性较高的、重要的操作要求人的素质较高。例如，特种作业的场合，操作者要经过专门的培训、严格的考核，获得特种作业资格后才能从事。因此，尽管事故频发倾

·149·

向论把工业事故的原因因于少数事故频发倾向者的观点是错误的，然而从职业适合性的角度来看，关于事故频发倾向的认识也有一定的可取之处。

如何减少事故频发倾向者？不是就业上的歧视，更不是肉体上的消灭。正确的做法是，给每个人安排合适的工作。一类工种上的事故频发倾向者，并不一定是另一类工种上的事故频发倾向者。

（二）海因里希的多米诺骨牌理论

1931 年，美国的海因里希出版了《工业事故预防》一书，提出了多米诺骨牌理论。海因里希认为：人员伤亡的发生是事故的结果；事故的发生原因是人的不安全行为和物的不安全状态；人的不安全行为和物的不安全状态是由于人的缺点造成的；人的缺点是由于不良环境诱发或者是由于先天的遗传因素造成的。

这样就有了多米诺骨牌的五个因素（五张骨牌）：

（1）遗传及社会环境（先天与后天）。

（2）人的缺点。

（3）人的不安全行为或物的不安全状态。

（4）事故。

（5）伤害（损失）。

要注意多米诺骨牌理论应用要点：

（1）一张骨牌倒了，连锁反应发生，伤害出现。

（2）移出一块骨牌，连锁反应被破坏，事故中止。

（3）企业安全工作的中心是防止人的不安全行为、消除物的不安全状态。

需要注意的是，不是每张骨牌都一样重要，也不是每张骨牌都可以移出。

（三）能量意外释放理论

1961 年，吉布森指出事故是一种不正常的或不希望的能量释放，多种形式的能量不正常的或不希望的释放是造成伤害的直接原因。所以应该通过管理能量物资和管理能量物资的运动来预防伤害事故的发生。

1966 年，哈登完善了能量意外释放理论，提出："人受伤害的原因只能是某种能量的转移。"

哈登将伤害分为两类：

（1）由于施加了超过局部或全身性损伤阈值的能量引起的；

（2）由于影响了局部或全身性能量交换引起的。

哈登认为，能量是否能造成影响取决于能量大小、作用时间长短及频率、能量的集中程度；他还指出，可以利用各种屏蔽来防止意外的能量转移，防止事故的发生。

有人将能量意外释放理论运用于煤矿井下安全管理，将煤矿井下的能量物资叫作第一类危险源，而将影响能量物资运动的因素叫作第二类危险源。

第一类危险源（能量物资）包括：煤矿井下生产系统中有发生重大生产事故可能性的危险物资、设备、装置、设备或场所。

第二类危险源包括：因导致约束、限制第一类危险源的措施失效或破坏而有可能发生重大生产事故的各种不安全因素。

第一类危险源是系统发生事故的内因。任何系统的运行都离不开能量，如果能量失控发生意外释放，就会转化为破坏性力量，就可能会导致系统发生事故，由此造成破坏性后果。

煤矿井下的能量物资包括：化学物资——可燃性物质、爆炸性物质、窒息性气体、刺激性气体等，如瓦斯、煤（尘）、矿尘、一氧化碳，它们可能带来火灾、爆炸、窒息、中毒；机械物资——提升运输机械、采掘机械、通风、排水设施、起吊设备等及存在场所，它们可能带来挤压、拖拽、打击、物体坠落、机车脱轨、翻车及水灾、通风事故等；电气物资——电气备份、电缆配线等电气设备、装置及存在场所，它们可能带来意外停电，着火、电击、电弧伤人等；地质——特殊地质构造，如断层、岩溶、冲击地压、含水陷落柱、采空区、老空区等，它们可能带来突水、煤与瓦斯突出、片帮、冒顶等。

第二类危险源主要应从人的因素角度进行辨识。人的不安全行为是人失误的重要组成部分，主要包括：未经许可进行操作，忽视安全，忽视警告；冒险作业或高速操作；人为地使安全装置失效；使用不安全设备，用手代替工具进行操作或违章作业；不安全的装载、堆放、组合物体；采取不安全的作业姿势或方位；在有危险的运转设备装置上或在移动的设备上进行作业；不停机，边工作边检修；注意力分散，嬉闹、恐吓等。

（四）系统安全理论

20世纪50~60年代，美国研制洲际导弹过程中，产生了系统安全理论。其要点包括：

（1）在事故致因理论方面，从只注重操作人员的不安全行为、忽略硬件故障在事故致因中的作用的传统观念，变为开始考虑如何通过改善物的系统可靠性来提高复杂系统的安全性。

（2）没有任何一种事物是绝对安全的，任何事物中都潜伏着危险因素（强调消除安全盲区）。

（3）不可能根除一切危险源。要注重减少总体的危险性，而不是只彻底消除几种选定的风险。

（4）由于人的认识能力有限，有时不能完全认识危险源及其危险，即使今天认识了所有危险源，明天又有可能出现新的危险源，所以控制危险源不是一朝一夕的事。

二、几种控制型风险管理技术

事故致因理论为风险控制指出了一定的行为方向，以下是几种控制型风险管理技术。

（一）风险回避

1. 基本概念

风险回避是在风险事故发生的可能性较大时，主动放弃或改变某项可能引起风险损失的活动，以避免可能产生风险损失的一种控制方法。

风险回避的特点：它是一种彻底的风险控制技术，但也是一种消极的控制风险方法。

2. 基本方法

以酒后驾车为例，风险回避的基本方法有以下三种：行动前放弃，如酒后不驾车；行动中中止，如停车步行；改变行动方式，如找代驾。

3. 风险回避的局限性

有些风险是无法回避的：如世界性的经济危机、能源或金融危机、地震、暴风雪等；有时风险回避的成本太高：人类不可能因噎废食；有时回避的成本不一定很高，但不合算。

（二）损失控制

1. 基本概念

损失控制是指采取措施减少致损事故发生的概率，或者采取措施，减轻损失程度。

损失控制特点：损失控制是风险控制中最积极、合理、有效的风险管理技术。

2. 基本分类

（1）按目的可以分为：损失预防——减少事故频率；损失减轻——减少损失程度。

（2）按执行时间可以分为：损失发生前（损失预防）；损失发生中（损失预防、损失减轻）；损失发生后（损失减轻）。

（3）按措施特点可以分为：工程法；教育法；程序法。

3. 基本方法

以下我们简要介绍工程法、教育法、程序法。

（1）工程法。工程法是以工程技术为手段，通过对物质性风险因素的处理，达到损失控制目的的方法。

工程法主要的理论依据是哈登的能量意外释放理论。

哈登针对能量意外释放提出了以下十条具体控制措施：

1）防止风险因素的产生。

2）减少已存在的风险因素。

3）防止已存在的风险因素释放能量。

4）改善风险因素的空间分布和限制能量释放速度。

5）在时间、空间上将风险保护对象进行隔离。

6）借助物质障碍将风险与保护对象进行隔离。

7）改变风险因素的基本属性。

8）加强被保护单位的防护能力。

9）救护被损毁的风险单位。

10）稳定、修理、更新受损害的物体。

但我们要注意工程法的局限性：成本—效益问题。

（2）教育法。教育法是通过安全教育的培训来减少人为因素导致风险事故、减少事故损失的风险控制方法。

教育法的主要理论依据是海因里希的多米诺骨牌理论。

具体方法有安全教育与培训，并包括：

1）让职工了解工作过程中可能遇到的各种风险。

2）让职工知道如何采取措施来减少自己、他人可能面临的伤害。

3）训练职工运用各种保护装置及设备。

4）通过应急措施、抢救措施的训练、实施，向职工灌输安全生产第一的意识与公德。

教育法的特点是投入少、见效快；但教育法不能解决所有的问题。

（3）程序法。工程法与教育法分别处理物质风险因素和人为风险因素，但物质与人为因素是造成事故的直接原因，不一定是根本原因。

程序法是指以制度化、规范化的程序作业方式，保证风险因素能及时得到发现、处理，保证损失概率和损失幅度能得到有效降低的损失控制方法。

程序法实际上强调的是风险管理流程。具体办法包括：

1）在降低损失发生频率方面：

——安全管理制度；

——安全检查表；

——设备维修制度。

2）在减少损失幅度方面：

——应急计划；

——隔离法：将风险单位分割、独立。

程序法的特点：是任何风险主体必须采取的风险管理方法，成本低；但程序法很难完备，贯彻执行上也有难度。

（三）控制型风险转移技术

1. 控制型风险转移的概念

风险转移是指风险主体通过合同协议将可能产生风险事故的活动、资产或将原始风险状态转移给其他风险主体的风险管理技术。

风险转移按是否通过风险市场转移风险，可以分为控制型风险转移和财务型风险转移。

控制型风险转移：通过转移变更可能产生风险事故的活动所涉人、物的归属，达到转移风险（改变风险状态）的目的。

财务型风险转移：通过金融市场（风险市场）将较劣的风险状态交换为较优的风险状态。

控制型风险转移技术的特点：控制型风险转移基本不改变形成原始风险状态的各个环节的活动内容或状态，但各环节所涉人、物的归属会有变化，从而由人、物产生的意外后果的责任承担方也会发生变化。

2. 控制型风险转移技术的基本方法

（1）出售。通过买卖契约将财产所有权转让给他人，从而将财产所有权有关的风险转移给他人。

（2）转包、分包。通过转包、分包合同，将活动交由其他风险主体进行，从而将与活动有关的意外事故的风险转移给他方。如普通风险主体常将高空作业、特殊安装、打捞等作业包给专门机构。

（3）出租。通过合同将物品交由他人使用，由他人承担物品安全使用意外的责任。当然由于法律方面的制约，通过出租并非总可以转移风险责任，如房屋、汽车的出租就不一定能将房屋、汽车所涉所有风险转移出去。

（4）承租。通过租赁合同，租赁他人物品，由他人承担市场价值波动的风险。

（四）控制型风险分散

1. 基本概念

风险主体通过增加实现经济行为目标途径的办法达到优化风险状态的目的。

2. 基本方法

基本方法是多元化。可从如下几方面考虑：

生产要素方面：来源多样化、种类多样化。

生产方面：生产工艺多样化。

产品与市场方面（经营多元化）：在注意相关产品与市场的协同效应的同时，要注意不相关、少相关产品与市场的组合搭配。

资产负债多元化：融资途径多元化。

3. 分散化的局限性

控制型风险分散中的主要困难是可能性与成本。任何方面的多样化或多元化都会带来成本问题。而有时多元化或多样化则可能性有限，比如中国是想扩大铁矿石进口来源，但可供选择的来源是十分有限的。

三、风险控制的成本与评估

应用控制性风险管理技术，应注意成本—效益分析。

当通过控制性风险管理技术将原始风险状态由 X_0 变为 Y_0 时，必须在 Y_0 中计入规划、组织、实施控制型风险管理技术所花费的成本。

在此基础上，才能判断何种控制型风险管理技术是适用的、何种控制型风险管理技术可应用到什么程度。

第二节　财务型风险管理技术

财务型风险管理技术不是作用于风险状态形成过程，而是作用于原始风险状态本身。

但我们必须注意原始风险状态的相对性。

在风险管理上我们总是将已确认的较优的风险状态作为进一步改进风险状态的起点，这就是说我们总是将最新确认的较优风险状态作为原始风险状态。

一般将财务型风险管理技术分为三类，分别是：风险汇集、风险自担、财务型风险转移。财务型风险转移又可分为保险转移和非保险转移。

一、风险汇集

风险汇集是风险分散的另一个版本。

（一）基本概念

风险汇集是指分属不同风险主体的风险，通过建立某种结果分摊的方式，达到增加全体风险主体的福利或优化各风险主体的风险状态的目的。

（二）风险汇集原理

数学上的大数定律和中心极限定律是风险汇集的理论基础。

1. 大数定律

常用的大数定律有：伯努利大数定律、辛钦大数定律、柯尔莫哥洛夫强大数定律和重对数定律。

辛钦大数定律是常用的大数定律之一。

设 X_i 为独立同分布的随机变量序列，若 X_i 的数学期望存在，则服从大数定律：即对任意的 $\varepsilon > 0$，式（6-1）成立。

$$\lim_{n \to \infty} P\left\{ \frac{1}{n} \sum_{i=1}^{n} X_i - \frac{1}{n} \sum_{i=1}^{n} E(X_i) < \varepsilon \right\} = 1 \qquad (6-1)$$

2. 中心极限定律

中心极限定律：设均值为 μ、方差为 σ^2（有限）的任意一个总体中抽取样本量为 n 的样本，当 n 充分大时，样本均值的抽样分布近似服从均值为 μ、方差为 $\frac{\sigma^2}{n}$ 的正态分布。

3. 风险汇集原理

大数定律和中心极限定律为保险类公司和政府合理汇集分散于社会的风险提供了理论依据。不过对于一般风险主体而言，用不着大数定律和中心极限定律，一般的统计学理论就提供了风险分摊的合理性：非完全正相关、同分布的风险主体如达成风险均摊协议，在均值—方差标准下，各风险主体的风险状态都会得到改善。

（1）两个独立同分布的风险主体间的风险汇集。两个风险主体是独立的，是指两个风险主体面临的风险指标是独立的，即甲的风险指标 X 与乙的风险指标 Y 是相互独立的。

两个随机变量 X 与 Y 是独立的是指：

若 X 与 Y 是离散型的，则

$p(x = x_i, \ y = y_j) = p(x = x_i)p(y = y_j)$ 对任意 i、j 成立。

若 X 与 Y 是连续型的，则

X 与 Y 的联合分布的密度函数为

$f(x, \ y) = f_1(x)f_2(y)$

若两个风险主体的风险指标 X、Y 是独立同分布的，则有

$E[(x+y)/2] = E(x) = E(y)$

$D[(x+y)/2] = D(x+y)/4 = 2D(x)/4 = D(x)/2$

在均值—方差标准下，两风险主体的风险状态得到了改善。

（2）多个独立同分布的风险主体间的风险汇集。多个随机变量 X_1，X_2，X_3，…，X_n 是独立的，则是指其中任意一个是独立的。

如果随机变量是离散型的，则独立是指：对任意 i、j

$$p(x_1 = x_{1j}, x_2 = x_{2j}, \cdots, x_i = x_{ij}, \cdots, x_n = x_{nj}) = \prod_{i=1}^{n} p(x_i = x_{ij})$$

如果随机变量是连续型的，则独立是指：

X_1，X_2，X_3，…，X_n 的联合分布的密度函数为 $f(x_1, \ x_2, \ \cdots, \ x_n) = \prod_{i=1}^{n} f_i(x_i)$，其中 $f_i(x_i)$ 是 X_i 的分布密度函数。

多个风险主体是独立的，是指它们面对的风险指标 X_1，X_2，X_3，…，X_n 是独立的。

对独立同分布的多个风险主体作风险汇聚安排，让每个风险主体承担（$X_1 +$

$X_2 + \cdots + X_n)/n$。则风险汇集前后优劣的比较问题就变成了比较 X_i 与 $(X_1 + X_2 + \cdots + X_n)/n$ 的优劣的问题。

因为 $E(X_i) = E((X_1 + X_2 + \cdots + X_n)/n)$，而 $D((X_1 + X_2 + \cdots + X_n)/n) = D(X_i)/n$，所以如果所有风险主体都以均值—方差为风险状态优劣的评价标准，则独立同分布风险主体之间的风险汇聚安排总是使各风险主体面临的风险状态得到改善，且参与风险汇集的主体越多，风险状态优化程度越高。

（3）非完全正相关同分布的风险主体间的风险汇集。两个风险主体非完全正相关是指：两个风险主体面临的风险指标 x 与 y 满足下式：

$$\frac{cov(x,\ y)}{\sqrt{D(x)D(y)}} < 1$$

其中，$cov(x,\ y) = E[x - E(x)][y - E(y)]$。

多个风险主体非完全正相关是指其中至少有两个风险主体是非完全正相关的。

在一般情况下，说多个风险主体是独立的，要求太严格（很难成立），但说多个风险主体是非完全正相关则往往可以接受。

设多个风险主体面临的风险指标分别是 X_1，X_2，X_3，$\cdots$，X_n，它们是非完全正相关的同分布随机变量。经风险汇集安排，任一风险主体承担的风险指标是：$(X_1 + X_2 + \cdots + X_n)/n$。

因 $E((X_1 + X_2 + \cdots + X_n)/n) = E(X_i)$，

而 $D((X_1 + X_2 + \cdots + X_n)/n) = [\sum\sum cov(x_i, y_j)]/n^2 < D(X_i)$，所以如果风险主体是以均值—方差为评价风险状态优劣标准的风险主体，则非完全正相关同分布风险主体之间的风险汇聚安排总是使各风险主体面临的风险状态得到改善。

例6-1 设甲、乙在未来1年内遇到意外的可能性及其损失如下：遇到意外的概率为20%，如果遇到意外，损失是1000；不遇到意外的概率是80%，不遇到意外的损失为0（甲、乙两人的情况一样）。

设甲、乙是相互独立的。风险状态如下：

损失结果	损失概率
0	0.80
1000	0.20

设甲、乙两人达成协议，风险共担，即甲、乙各自承担（X＋Y）/2，其中 X、Y 是独立分布的，分别是甲、乙的风险指标。

分析期望价值标准、均值—方差标准下，风险汇集的结果。

解：①期望价值标准下的评价：

风险汇集前甲、乙的期望损失均为

$E(X) = 1000 \times 0.2 = 200$

风险汇集后甲、乙的期望损失均为

$E((X+Y)/2) = 0.64 \times 0 + 0.16 \times 500 + 0.16 \times 500 + 0.04 \times 1000$

$= 200$

结论是汇聚并不改善风险状态。

②均值—方差标准下的评价：

现在比较甲、乙新的风险状态的方差。

风险汇集前甲、乙风险状态的方差均为

$D(X) = 160000$

风险汇集后：

$D((X+Y)/2) = 80000$

即在均值—方差标准下，（X＋Y）/2 比 X 优。

例 6－2　已知甲、乙是以均值—方差为标准的风险厌恶型风险主体，面临的风险指标是同分布的，为：

损失结果	损失概率
0	0.80
1000	0.20

又

	乙出事的概率	乙不出事的概率
甲出事时（损失为1000）	100%	0
甲不出事时（损失为0）		

证明：A. 甲、乙是完全正相关的；

B. 汇集不可能使甲、乙的风险状态得到改善。

解：设 X、Y 的分布分别是风险汇集前甲、乙的风险状态。

①补齐条件概率：

	乙出事的概率	乙不出事的概率
甲出事时	100%	0
甲不出事时	0	100%

②X、Y 的联合分布为（第三、第四列）：

可能结果	总损失	概率	分担损失
甲、乙均不出事	0	0.80	0
甲不出事、乙出事	1000	0	500
甲出意外、乙不出意外	1000	0	500
甲、乙均出意外	2000	0.20	1000

③甲、乙是完全正相关的（请读者自己证明）。

④风险汇集不可能使甲、乙的风险状态得到改善。

因为：风险汇集后均值不变；风险汇集后方差不变。

例 6-3　已知甲、乙是以均值—方差为标准的风险厌恶型风险主体，面临的风险指标是同分布的，为：

损失结果	损失概率
0	0.80
1000	0.20

又

	乙出事的概率	乙不出事的概率
甲出事时	60%	40%
甲不出事时		

证明：A. 甲、乙是非完全正相关的。

      B. 汇集能改善甲、乙的风险状态。

解： 设 X、Y 的分布分别是甲、乙的风险汇集前的风险状态。

①补齐条件概率：

	乙出事的概率	乙不出事的概率
甲出事时	60%	40%
甲不出事时	10%	90%

②X、Y 的联合分布为（第三、第四列）：

可能结果	总损失	概率	分担损失
甲、乙均不出事	0	0.72	0
甲不出事、乙出事	1000	0.08	500
甲出意外、乙不出意外	1000	0.08	500
甲、乙均出意外	2000	0.12	1000

③甲、乙是非完全正相关的：

$cov(x, y) = 80000$

$D(X) = 160000$

④汇集能改善甲、乙的风险状态。

（三）风险汇集的基本方法

1. 合并风险主体

通过合并风险主体使原各风险主体合并后实际分担的风险状态优于合并前的状态，且合并后的风险主体更便于风险自担或财务型风险转移。

2. 通过协议和法规建立风险共同体

（1）多方协议（风险共担）。多个风险主体通过协议确定利益共享、风险分担原则。前述风险汇集原理已揭示了其中的道理。我们再来看一个房屋火灾风险的例子。

设一年内房子着火的概率是 1/250。如果发生火灾，风险主体会损失价值 2500000 元的房子。因此每年房屋发生火灾的预期损失是 10000 元。

如果风险主体是风险回避型的风险主体，那么从期望效用上说，房东自己承受房屋火灾风险就不合适（即比每年减少财富10000元的代价更大）。

如果有100000个拥有价值2500000元的房东每人出10000元，那么就会筹集到10亿元。按预期，100000个房东中有400个会有房屋的火灾损失。因此筹款刚好可以覆盖损失。

尽管多数没损失房屋的人都付了10000元的保险金，但是因为它消除了风险，所以参与其中的每个人的风险状况都改善了。

所以风险共担产生了纯粹的帕累托改进。

（2）市场化汇集（财务型风险转移）。由一个市场经营主体收购多个风险主体的风险状态（财务型转移）。我们在后面再讨论。

（3）社会化汇集（公共化汇集—风险社会分摊）。由公共部门（政府）收购各个风险主体的风险状态。

在什么情况下上面的"共担""转移"机制不起作用而需要社会分摊呢？当风险不是独立的时候，如地震、洪水、传染病等。

当一个灾难性事件的发生很可能同时影响到许多风险主体时，它（在某种程度上）就是不可分散的风险、不可转移的风险。

这就是为什么许多灾难，如洪水、核战争等，是保险公司所特地回避的。

但这是不是意味着就没办法保险了呢？

实际上在部分人有可能没有受到影响的条件下，我们仍然能够"分摊"风险。

这里基本的思路是来自于（风险回避的）效用函数的凹性，从每个人那里多拿走一点点钱的社会成本（减少的总效用），会低于从个别人或一部分人那里拿走许多钱的效用损失。

很多风险不可能由保险公司处理，但是政府能将钱在各个团体间转移。如美国政府设立世界贸易中心受害者补偿基金、政府设立医疗补助或其他形式的灾难健康保险、政府承担各种形式的灾难救济等，都是风险的社会化汇集安排。

以下我们用例子解释从每个人那里多拿走一点点钱的社会成本（减少的总效用），会低于从个别人或一部分人那里拿走许多钱的效用损失。

例6-4 设想有100个人，每个人的效用函数为 lnW，财富为500。想象其中一个人经历了200的损失。他的效用损失是：

$$\ln 500 - \ln 300 = 6.21461 - 5.70378 = 0.51083$$

现在来考虑若我们将这个损失分配给所有人，总效用损失为：

$100(\ln500 - \ln498) = 100 \times (6.2146 - 6.2106) = 0.4$

总损失比个人的损失小，这是由于效用函数的凹性。

因此，风险分摊能提高社会的总体福利，尽管它并没有抵消社会所面临的风险总量（损失总量）。

那风险分摊是帕累托改进吗？一般认为不是，因为我们必须将某些人的福利拿给另一些人。

但笔者认为从更高的视角看还是帕累托改进。因为社会中的每个成员总是面临一定的、由部分人共同面对的非独立性风险。一部分人面临共同的洪水风险，另一部分人面临共同的地震风险，还有一部分人面临共同的干旱风险（如果你属于什么风险都没有的团体，你有被社会其他成员仇视的风险），由社会集中财富消除所有这些风险（每个成员拿出一点财富），每个人的福利实际上得到了改进。

（四）风险汇集的局限性

我们也需注意风险汇集的局限性。

（1）合并、协商的成本和利益冲突会阻碍风险汇集。

（2）市场化风险汇集的垄断与内容的选择也可能损害风险汇集的初衷，例如并不是所有风险都是可保的，也不是所有人都愿意买保险。

（3）公共化风险汇集的成本—效益问题：浪费与服务不到位等。

二、风险自担

（一）基本概念

风险主体不再对原始风险状态 X_0 形成过程施加影响，也不与其他风险主体作风险汇集安排或通过风险市场转移风险，而是通过风险主体内部的财务安排来防止 X_0 的负面影响。

风险自担技术也叫作残余风险技术，一般是在采用了所有其他可行的风险管理技术后，再采用的技术。

（二）风险自担的原因

风险自担的原因有如下几种：

1. 认识不到

原始风险状态无法认识或认识不精确（因可能的参数估计错误或参数漂移）。

参数估计错误指描述风险状态的参数发生了估计错误，而我们又不知道，那么以此为依据的风险管理肯定会有遗漏。例如，我们将正态分布 $N(-0.363, 1)$

错误估计为 N(0，1)，那么当我们以为损失大于 1.282 的概率为 10%（$VaR_{0.1}$ = 1.282）时，实际情况是损失大于 1.645 的概率为 10%（$VaR_{0.1}$ = 1.645），损失大于 1.282 的概率为 15%（$VaR_{0.15}$ = 1.282）。图 6 – 1 是一个说明。

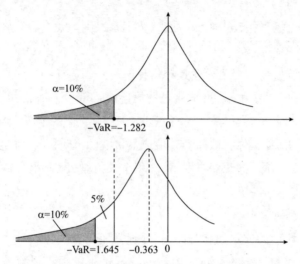

图 6 – 1　上部分图是错误估计，下部分图是实际风险状态

参数漂移是说我们基于历史数据进行的参数估计是对的，过去的风险状态可以用这些参数描述；但因环境发生了变化，可以正确描述过去风险状态的参数不能再正确描述未来的风险状态。同样基于过去参数的风险管理肯定也会有遗漏。

2. 控制不了

无控制手段（随机波动）、控制成本太高。

这方面一个简单的例子是：某航空机械零件的精度要求很高，而受制于现有机床加工精度，成品率不可能超过 40%，如图 6 – 2 所示。

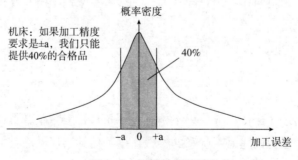

图 6 – 2　风险控制不了

3. 转移不了

无市场、无交易对手。风险主体并不认为风险自担是好的选择，但无风险市场，风险无法转移。

4. 认为自担最好

这实际上说的是风险自担的好处，这些好处包括：

（1）风险自担的成本较低：长远看保险的费用（包含保险公司的利润、成本、税收）一定超过平均预期损失。保险公司保费中用来补偿损失的部分叫作"纯保费"，在典型的保险公司保费中，纯保费只占总保费的65%左右。且风险主体的平均损失未必就是同类风险的平均损失（因为纯保费还包含道德风险、逆向选择成本，而在风险自担时就不会有这部分成本）。

（2）风险自担可以控制理赔进程：风险自担时，可以省去从定损到核准的保险理赔过程，这一过程有时极为费时费力。

（3）可以获得备用金的投资收益：保险费是事先支付的，而风险自担时，备用金在损失发生前可以用来投资（当然要保证其流动性）。

（三）风险自担的适用范围

风险自担适用于如下场合：风险主体能承担最坏的结果；进一步采用其他风险管理技术在成本上已不合算；在风险主体只能无意识地承担风险的场合。

另外，必须充分认识风险自担的不利处，它的不利处包括：

（1）有巨损可能：发生巨大损失的概率虽然很低，但很难说完全没有。

（2）损失的大幅波动会失去税收方面的好处：当然这在一定程度上取决于税法的合理性。例如，一家公司不出意外损失的年份，增值额为400万元，但公司平均每3年要出一次意外，一次意外的平均损失额为600万元，设增值税率为20%。设公司前两年都不出意外，第3年出现意外，损失600万元。如果是风险自担，第三年出现意外损失倒是不用付税了，但前两年的增值税就已付160万元；如果每年买200万元保险（在只计算纯保费的情况下，损失得到足额赔付），则每年的增值额是200万元，3年总共税负120万元。

（3）可能引起员工关系和公共关系的紧张：这主要是指公司员工意外伤害的补偿风险和公司对社会公众的责任赔付风险，如果风险自担，公司就得直接面对员工及其家属、社会公众及媒体，难免进退失据；如果将这类风险转移出去，由第三方处理，公司就超然得多。

（4）无法获得专业性服务或需另付专业性服务费用。

（四）风险自担的分类

风险自担按不同标准可以有不同的分类。

1. 主动自担与被动自担

（1）主动自担：风险主体已知自担是最佳选择（有意自担）。

（2）被动自担：风险主体无意识地或被迫承担风险（无意自担）。

任何未识别出的风险或无法回避、控制、转移、分散或汇集的风险，其最后归属是自担。

未识别出的风险，风险主题将无意识自担；识别出、但无奈的风险（知道自担未必好），风险主体将被迫自担。

2. 有财务安排的自担和无财务安排的自担

（1）有财务安排的自担：对损失补偿做了财务安排——将作为损失补偿的财产以某种流动或半流动的形式保留，以备损失发生时调用。

有财务安排的自担又可分为：

全部自担：不采取财务型风险转移技术。

部分自担：采取财务型风险转移技术转移部分风险（风险自担与转移相结合，我们后面介绍）。

（2）无财务安排的自担：对损失补偿未做财务安排。

（五）风险自担计划

1. 风险自担计划的焦点

风险管理成本一般由以下三部分构成。

（1）管理费用。风险管理工作如同所有其他管理工作一样，有管理费用支出。这些费用的管理本质上不属于专业的风险管理内容，而属于更一般的管理对象。

（2）平均预期损失。平均预期损失也叫正常损失。对风险自担和风险转移是一样的：风险主体必须具备补偿正常损失的能力。政府经常对一些领域设置准入门槛，其目的就是将不具备承担正常损失的市场主体拦在门外。

确定正常损失水平的常用办法：一是通过以往的损失记录计算，二是按保险公司保费的65%推算。

（3）非预期损失。非预期损失完全是偶然出现的损失。其特点是：发生的概率低，但一般损失幅度大。它们通常不适合完全自担，而较适合财务型转移（典型的如保险类转移）。

从以上分析可知，风险自担计划的焦点是：风险主体能够承担的非预期损失额的确定，即风险胃纳（Risk Appetite）的确定。

2. 风险胃纳的确定

对企业而言，风险自担计划要核定的是企业补偿非预期损失的能力，或者说确定非预期损失自担额。

（1）风险胃纳的上限和下限。风险自担额的确定不是纯技术问题，在很大程度上是门艺术。

多数情况下不存在精确的计算标准。但如下度量方法一直得到企业应用。

确定什么水平下的未保险损失将超过企业的承受能力，并带来破产后果。由此界定企业风险自担额的上限。

确定什么水平下的未保险损失，企业可以在不必借债的情况下消化。由此界定企业风险自担额的下限。

（2）确定企业补偿非预期损失能力的财务强度指标。确定企业补偿非预期损失能力可以考虑如下企业财务强度指标（见表6－2）。

表6－2 确定企业补偿非预期损失能力的企业财务强度指标

流动资产	如可用10%～25%的流动资产作为风险自担的上限
总资产（反映借债能力）	如可用1%～5%的总资产作为风险自担的上限
长期获利能力	如5年的获利能力
销售收入	如可用0.5%～2%的销售收入作为风险自担的上限
现金流量	如可用上一年现金流量的5%～10%作为风险自担的上限

3. 风险自担的财务处理方式

风险自担计划中，小额损失一般计入经营成本；大额损失一般由保留的应急资产（基金）补偿，或由应急贷款补偿。

（六）风险自担与转移的组合

由于大型企业大多都认识到风险自担的有利之处并开展风险自担活动，保险公司也开发了一些新业务以与单纯的风险自担计划竞争，同时风险自担企业也试图克服风险自担的缺陷。于是，许多风险管理计划以风险自担与风险转移相组合的方式出现。

1. 保险免赔额

保险公司只对超出免赔额的损失部分负责。两种常见的主要保险是，单一超额损失保险和总超额损失保险。

2. 费率回溯保险

费率回溯保险是一种自费率保险，在此计划中，保险公司对保险费率设定一个最大值 Pmax 和一个最小值 Pmin，保险费率由在保险期间发生的实际损失来最终确定。具体办法如下：

先设定计算费率计算公式：

$$P_R = (P_B + L_C) \times T_M$$

其中，P_R 为保险费（计算值）；

P_B 为基本保费；

L_C 为转换损失（根据实际损失作的调整）；

T_M 为税收乘子。

而

$$L_C = L \times L_M$$

其中，L 为实际损失额；

L_M 为损失转换乘子。

若 Pmin $\leqslant P_R \leqslant$ Pmax，最终保费为 P_R。

若 Pmin $> P_R$，最终保费为 Pmin。

若 $P_R >$ Pmax，最终保费为 Pmax。

在此计划中，保险公司先收取保费储金，再在保单到期时根据实际损失额调整最终保费。

例 6 – 5 企业员工意外伤害赔偿风险。保险公司提供两个选择：

A. 每年保险费为 44.3375 万元。

B. 费率回溯保险

其中，$P_B = 7.25$ 万元；$T_M = 1.07$；$L_M = 1.12$；Pmin = 30 万元；Pmax = 65 万元。

则实际损失为 12 万元时，$P_R = 22.1383$ 万元，最终保费为 30 万元。

实际损失为 30.52 万元时，$P_R = 44.3375$ 万元，最终保费为 44.3375 万元。

实际损失为 56 万元时，$P_R = 74.8679$ 万元，最终保费为 65 万元。

3. 前台公司

在有些情况下，法律要求强制保险，这时风险自担无法进行。而风险主体认为自担风险更有利。

此时，可安排前台公司协议，具体做法如下：

投保人向保险公司名义投保，保险公司签发所有投保人所需文件（以满足法律上证明风险主体购买了保险的要求），成为所谓的前台公司，不收保险费；但投保人书面承诺，保险公司将来发生的所有向投保人赔付的保险赔偿，投保人将足额转付；保险公司收取前台公司报酬。

前台公司安排显然是假保险，但在一些国家和地区是合法的，且从保险立法原理看，也并无不妥。

4. 专业自保公司

（1）概念。对于大型企业而言，风险自担有许多好处，所以许多大型企业都会选择各种不同的方式自担风险。比较正规的风险自担方法是完全按保险公司运作机制运作的自我保险。而其中最为正规的做法是企业设立专门从事自我保险的分支机构来自担风险。这类由企业设立的专门从事自我保险的分支机构就是专业自保公司。

专业自保公司由母公司设立并受其控制。设立专业自保公司的目的就是为母公司提供保险。

（2）专业自保公司的种类。按服务对象是单一公司还是协会，专业自保公司分为：纯专业自保公司和协会自保公司。

纯专业自保公司，是由从事非保险业务的公司设立的只为母公司及母公司旗下的成员公司提供保险的保险公司。

协会自保公司，是由一群业务类似的同业公司设立的、为其管理风险的保险公司。设立协会自保公司是一种风险汇集安排，属多方协议风险汇集。

（3）专业自保公司发展简史。第一，早期的发展。最早的专业自保公司是19世纪铁路公司设立的。到19世纪末，美国新英格兰地区的纺织业主对当时刚性的火灾保险费率非常不满，在忍无可忍的情况下，他们成立一家专业自保公司，这就是著名的保险公司工厂共有组织（Factory Mutual Organization）。以后出现了许多共有或股份制保险公司。1929年甚至成立了教堂保险公司。

第二，几次大发展。20世纪50年代，现代风险管理的发源地美国，专业自保公司有了温和的发展。主要原因是跨国公司的发展。美国的跨国公司发现其海外业务在海外的保险费率往往大幅高于美国本土的保险费率，这就使得跨国公司设立专业自保公司有利可图。跨国公司的海外业务由专业自保公司保险，再由母公司向美国保险公司购买保险或再保险。

20世纪60年代，专业自保公司也有一次增长。主要原因是保险业不景气，市场缺乏财产保险品种，这迫使世界500强企业中的大约50家企业自建了专业自保公司。

20世纪70～80年代，专业自保公司有一次较快速度的增长。主要原因是市场缺乏医疗事故保险：要么没有保险，要么保险费率奇高。在这种情况下，医生和医院组织纷纷组建专业自保公司，为自己的医疗事故提供保险。其后，许多制造商也开始组建专业自保公司，对自己的产品责任风险提供保险。

现在，全世界专业自保公司已由20世纪60年代的100家左右发展到数千家。

（4）专业自保公司注册地。全世界的专业自保公司注册地主要是避税港和美国。最多的是百慕大，其他依次为：开曼群岛、英属格恩西群岛、美国佛蒙特州和卢森堡。

注册地选择避税港的主要原因是注册条件低和税负考虑，比如百慕大，除名义上的税负外，专业自保公司无任何明显的税负。

（5）设立专业自保公司的好处。

1）税收方面的好处。虽然税收方面的好处现在很难得到，但早期设立专业自保公司的主要动机之一是获得税收方面的好处。例如，保费支出是企业经营的必要成本，可以从应税所得额中扣除，如果法律规定风险自担费用不能或不能完全从应税所得额中扣除，那设立专业自保公司将风险自担费用变成保费支出就有利可图。又例如，如果法律规定，企业前一年度的亏损，应由本年所得税税后利润弥补（而不是所得税扣税前弥补），那么设立专业自保公司就可以得到税负上的好处。

例6-6 公司损失概率为平均每3年出一次意外，损失幅度是每次300万元。无意外年份，每年税前所得为200万元，所得税率为20%。按第三年出现意外损失计算，比较如下两种方案的税负。

A. 每年支付保险费100万元，保费从所得税应税所得中扣除。

B. 风险自担。

显然，A方案，3年共付税60万元；而方案B，虽然第三年可以不付税，但前两年已付税80万元。

另外，跨国公司通过将利润转移到其在免税地设立的自保公司，可以规避企业所得税。

2）满足保险需求。早期，许多领域传统保险公司不提供保险，或提供保险时，保险费率太离谱。而时至今日依然有些领域，保险公司并不提供保险，如产品责任保证、产品召回等领域。

专业自保公司可以满足这方面的保险需求。

3）降低保险成本。降低保险成本主要包括：①保险成本的预期节省；②避免商业保险公司的社会责任；③专业自保公司可与再保险公司进行交易，这样可以节省保费。

4）改善公司现金流量。一般从损失发生到实际理赔有一段时间。在商业保险情况下，保费在这段时间的价值完全由保险公司享受。近30年，获得这段时间内保费的时间价值成为设立专业自保公司的动机之一。

5）新的利润中心。现实中，已有上百家专业自保公司发展成为商业保险公司或再保险公司，它们为股东之外的其他风险主体提供保险，成为公司新的利润中心。

6）帮助资金在国际市场转移。有些国家和地区，对外汇管制极为严格，资金进入国际市场十分困难。通过设立专业自保公司、向专业自保公司支付保费的方式，可以达到帮助企业向国际市场转移资金的目的。

三、财务型风险转移

（一）基本概念

风险主体以风险状态更优为目的，通过合同或政府规定将原始风险状态转换为另一种风险状态的行为。

（二）基本方法

1. 购买保险

通过市场化保险合同，或政府强制保险合同将原始风险状态转换为另一种风险状态。

2. 非保险财务型转移

通过非保险金融市场或政府非保险类安排将原始风险状态转换为另一种风险状态。

我们将在下一章中分析财务型风险转移的基本原理。

参考文献

［1］吴安庆，汤其建．加强安全素质教育提高人的可靠性操作［J］．安全，2009（1）．

［2］陈宝智，吴敏．事故致因理论与安全理念［J］．中国安全生产科学技术，2008（1）．

习　题

1. 举独立同分布风险主体的例子。

2. 设风险主体是以均值—方差为标准的风险厌恶型风险主体，其原始风险状态为 x。经过业务分散化，风险主体面临的风险状态由 y_1 与 y_2 的和构成，y_1 与 y_2 是非完全正相关同分布的，且 $y_1 = x/2$。

请比较（$y_1 + y_2$）与 x 的优劣。

3. 某公司所属的一栋建筑物面临火灾风险，其最大可保损失为 10 万元，假设无不可保损失，现针对火灾风险拟采用以下处理方案：

（1）自留风险；

（2）购买保费为 640 元，保额为 5 万元的保险；

（3）购买保费为 710 元，保额为 10 万元的保险。

火灾损失概率分布如下：

损失金额（单位：元）	0	500	1000	10000	50000	100000
损失概率	0.8	0.1	0.08	0.017	0.002	0.001

试利用损失期望值分析法（期望价值标准）比较三种方案。

4. 甲和乙面临的原始风险状态都是：

损失结果	事故概率
0	0.60
−100	0.40

又知条件概率为：

条件	乙损失 100 的概率	乙损失 0 的概率
甲损失 100 时	0.80	0.20
甲损失 0 时		

请证明：

（1）甲、乙是非完全正相关的。

（2）甲、乙风险共担（平均分摊）后，甲与乙的风险状态均能得到改善（用均值—方差标准）。

5. 设想有 100 个人，每个人的效用函数为 $100 - \dfrac{100}{W}$，每人的财富为 100 万元。想象其中一个人经历了 50 万元的损失。现有两种承担损失的方法：A. 由损失者个人承担；B. 由 100 人平均分担。

请比较 A、B 总效用损失。

6. 保险公司对企业火灾风险提供的费率回溯保险为：

$P_B = 20$ 万元；$T_M = 1.10$；$L_M = 1.10$；Pmin $= 50$ 万元；Pmax $= 100$ 万元。

问实际损失为多少时，最终保费为 50 万元？实际损失为多少时，最终保费为计算保费？实际损失为多少时，最终保费为 100 万元？

7. 设甲、乙是以均值—方差为标准的风险厌恶型风险主体，面临的风险状态分别是财富变量 X 与 Y，X 与 Y 相互独立。

且：$E(X) = 1$，$E(Y) = 2$；

$D(X) = D(Y) = 4$。

若甲、乙达成协议，由甲承担共同风险 （X + Y） 的 λ 倍，乙承担共同风险 （X + Y） 的 （1 - λ） 倍，λ > 0。

问：是否存在 λ 使甲、乙的风险状态同时得到优化？若存在，λ 是多少？若不存在请予以证明。

8. 设甲、乙两风险主体面临的财富风险指标分别是 X、Y，它们是独立同分布的随机变量，均服从二项分布，$P(X = W) = 1/3$，$P(X = 2W) = 2/3$；甲、乙的效用函数均为 $U = 1 - \dfrac{1}{w}$。

问：是否存在 λ（0 < λ < 1），使甲、乙的财富变量分别变为 λ（X + Y）和（1 - λ）（X + Y）时，甲、乙的风险状态均得到改善？若存在，λ 为何值？

第七章　效用盈余与风险市场

财务型风险转移依赖于风险市场，而风险市场存在的前提是风险交易（或交换）的双方均可从交易中获得利益。这种利益最好能如前景理论强调的那样用价值指标来表现。不过价值指标是效用指标的特例，所以在分析时，用效用指标来解释风险市场的交易利益更具一般意义。

本章介绍风险市场的效用盈余原理，并说明效用盈余的普遍存在。

第一节　交易的效用盈余

一、效用盈余

若甲和乙两风险主体未来的随机财富状态可分别表示为 $W_1 + X$ 和 $W_2 + Y$，又设 $U_1(W)$、$U_2(W)$ 分别是风险主体甲和乙的效用函数，且：

$$E[U_1(W_1 + X)] < E[U_1(W_1 + Y)]$$

$$E[U_2(W_2 + Y)] < E[U_2(W_2 + X)]$$

则说：两风险主体间存在交换随机财富 X 和 Y 的效用盈余。

显然，若两风险主体间存在交换随机财富 X 和 Y 的效用盈余，则交换随机财富变量 X 和 Y 会改善两风险主体的风险状态。

我们来看例 4-1。汽车车主当前的财富水平为 $W_1 - Z$，Z 是不购买汽车保险时，损失的支出是一个随机变量。车主若购买汽车保险，保费支出为 2500 元。Z 的概率分布函数为：

损失额（Z）	0	10000	30000
损失概率	90%	5%	5%

设车主的效用函数 $U_1(W)$ 为（风险厌恶型）：

W	W_1	$W_1 - 2000$	$W_1 - 2500$	$W_1 - 10000$	$W_1 - 30000$
U_1	0	-0.76×2000	-1×2500	-1.4×10000	-1.5×30000

设保险公司当前的财富水平为 W_0，我们可以将保险公司的财富表示为：
$$W_0 + 2500 - 2500 = W_2 - 2500$$

又假设保险公司的效用函数是线性的。即 $U_2(W) = W$。

车主购买汽车保险相当于：车主用 X（这里为 $-Z$）与保险公司交换了 Y（这里为 -2500）。

对汽车车主而言

$$E[U_1(W_1 + X)] = 90\% \times 0 - 5\% \times 1.4 \times 10000 - 5\% \times 1.5 \times 30000$$
$$= -2950$$

$$E[U_1(W_1 + Y)] = -2500$$

即

$$E[U_1(W_1 + X)] < E[U1(W_1 + Y)]$$

对保险公司而言，

$$E[U_2(W_2 + Y)] = E(W_0)$$

$$E[U_2(W_2 + X)] = E(W_0) + 2500 + -E(X)$$
$$= E(W_0) + 2500 - 2000 = E(W_0) + 500$$

即

$$E[U_2(W_2 + Y)] < E[U_2(W_2 + X)]$$

所以，车主和保险公司间存在交易风险随机变量的效用盈余。

二、广义效用盈余

若甲和乙两风险主体未来的随机财富状态可分别表示为 $W_1 + X$ 和 $W_2 + Y$，又设风险主体甲和乙分别用随机财富的广义函数 U_1 和 U_2 取值的大小来评估财富风险状态的优劣，且 $U_1(W_1 + X) < U_1(W_1 + Y)$，$U_2(W_2 + Y) < U_2(W_2 + X)$。

则说：两风险主体间存在交换随机财富 X 和 Y 的广义效用盈余。

三、无处不在的效用盈余

面临相同或不同的风险状态的风险主体间、持相同或不同风险态度的风险主体间、持相同或不同的评价风险状态优劣标准的风险主体间，均可能存在效用盈余或广义效用盈余。

1. 面临不同的风险状态的风险主体间的效用盈余

大数定律通常要求各随机变量独立同分布，风险汇集一般也针对独立同分布的风险主体进行。但实际上，面临不同的风险状态的风险主体间存在效用盈余的例子比比皆是。

我们可以回顾一下第六章的习题。

设甲、乙是以均值—方差为标准的风险厌恶型风险主体，面临的风险状态分别是财富变量 X 与 Y，X 与 Y 相互独立。

且：$E(X) = 1$，$E(Y) = 2$；$D(X) = D(Y) = 4$。

我们证明了由甲承担共同风险（X + Y）的 1/3 倍，乙承担共同风险（X + Y）的 2/3 倍，甲、乙的风险状态可同时得到优化。

这里实际上甲用 $\dfrac{2X}{3}$ 交换了乙的 $\dfrac{Y}{3}$。

2. 持相同或不同风险态度的风险主体间的效用盈余

（1）风险厌恶型风险主体与趋险型风险主体间的效用盈余。

我们来看如下的例子。

设甲是风险厌恶型的风险主体，乙是趋险型的风险主体。

甲面对风险状态为 X：

$$p = \begin{cases} 50\%, & x = 100 \\ 50\%, & x = 0 \end{cases}$$

其效用函数为（风险厌恶型）：

$$U_{甲} = \begin{cases} 0, & x = 0 \\ 60, & x = 50 \\ 100, & x = 100 \end{cases}$$

图 7 - 1 是其效用函数图。

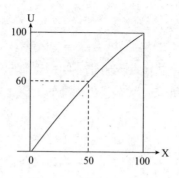

图 7 - 1　甲的效用函数

乙的风险状态为 Y：Y = 50。

其效用函数（趋险型）为：

$$U_Z = \begin{cases} 0, & Y = 0 \\ 40, & Y = 50 \\ 100, & Y = 100 \end{cases}$$

图 7 - 2 是其效用函数图。

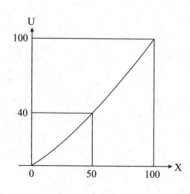

图 7 - 2　乙的效用函数

对甲而言：$E[u(x)] = 50\% \times u(0) + 50\% \times u(100) = 50$

$\qquad\qquad E[u(y)] = 100\% \times u(50) = 60$

对乙而言：$E[u(x)] = 50\% \times u(0) + 50\% \times u(100) = 50$

$\qquad\qquad E[u(y)] = 100\% \times u(50) = 40$

这意味着：乙愿用 Y 交换甲的 X；同样甲愿用 X 交换乙的 Y。

（2）风险厌恶型与风险中性型风险体间的效用盈余。现实中，大银行、大保险公司等金融财团虽然是风险厌恶型的，但由于其财富异常巨大，所以小额财富增减对其而言，其对应的效用函数可以看作是风险中性的。这一点可从 $u' > 0$，$u'' < 0$ 推断出：当财富变量 $w \to \infty$ 时，对应的效用曲线接近于直线。所以在现实中，大财团在很多情况下被看成是风险中性的。

这些财团作为风险承担者，其客户是厌恶型的风险主体，他们之间的交易主要形式是：风险主体甲（客户）面临财富风险状态 X（财富增量变量），他们愿意用无风险财富 Y 将 X 转让给风险承担者乙。以下是他们之间交易情况的分析。

对风险厌恶型的甲而言，一般有 $E[U_甲(X)] < U_甲[E(X)]$。一般可假设 u 是连续函数，则存在 $Y_0 < E(X)$，使

$E[U_甲(X)] < U_甲(Y_0) = E[U_甲(Y_0)]$，

即对甲而言，X 的期望效用小于 Y_0 的期望效用。

但对风险中性的乙而言，只要 $Y_0 < E(X)$，就有

$U_乙(Y_0) < U_乙[E(X)]$，所以

$E[U_乙(Y_0)] = U_乙(Y_0) < U_乙[E(X)] = E[U_乙(X)]$

即对乙而言，X 的期望效用大于 Y_0 的期望效用。

显然，甲愿意用 Y_0 将 X 转让出去，而乙愿意用 Y_0 买入 X。

（3）风险厌恶型主体间的效用盈余。

我们来分析下面的例子。

甲、乙都是风险厌恶型的风险主体。

甲面临的风险状态为：

$$p = \begin{cases} 50\%, & x = 100 \\ 50\%, & x = 0 \end{cases}$$

其效用函数（风险厌恶型）为：

$$U_甲 = \begin{cases} 0, & x = 0 \\ 51, & x = 45 \\ 100, & x = 100 \end{cases}$$

图 7-3 是其效用函数图。

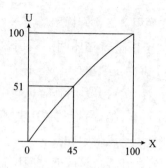

图 7 - 3　甲的效用函数

乙面临的风险状态为：

Y = 45

其效用函数（风险厌恶型）为：

$$U_乙 = \begin{cases} 0, & x = 0 \\ 39, & x = 45 \\ 80, & x = 100 \end{cases}$$

图 7 - 4 是其效用函数图。

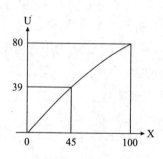

图 7 - 4　乙的效用函数

对甲而言：$E[u_甲(x)] = 50\% \times 0 \times 0 + 50\% \times u_甲(100) = 50$

$\qquad\qquad E[u_甲(y)] = 51$

对乙而言：$E[u_乙(x)] = 50\% \times 0 \times 0 + 50\% \times u_乙(100) = 40$

$\qquad\qquad E[u_乙(y)] = 39$

即：甲愿用 45 卖出风险机会 X，乙愿用 45 买入风险机会 X。

3. 持相同或不同的评价风险状态优劣标准的风险主体间

（1）均值—方差标准风险主体间的效用盈余。前面我们已证实，若甲、乙两风险主体都以均值—方差为风险状态优劣评价标准，面临相互独立的风险财富随机变量，分别是 X 和 Y，X、Y 都服从均值为 μ、标准差为 σ 的分布；则对于甲而言，财富随机变量 $(X+Y)/2$ 与 $(X+X)/2$ 相比，前者为优（均值不变、方差较小）；对于乙而言，财富随机变量 $(X+Y)/2$ 与 $(Y+Y)/2$ 相比，也是前者为优（均值不变、方差较小）。这就是说甲愿意用 $X/2$ 交换乙的 $Y/2$；而乙也愿意用 $Y/2$ 交换甲的 $X/2$。

（2）均值—方差标准风险主体与期望效用标准主体间的效用盈余。在第四章附录中，我们讨论过特定情况下期望效用标准涵盖均值—方差标准。即在均值—方差标准下成立占优关系在期望效用标准下也成立，而我们已说明均值—方差标准风险主体间可能存在效用盈余。这就是说均值—方差标准风险主体与期望效用标准风险主体间也可能存在效用盈余。

第二节　风险市场

效用盈余虽广泛存在，但风险交易市场显然并不发达。现实中的风险市场主要包括应对纯粹风险的保险市场和应对投机风险的金融衍生工具市场。

一、作为风险管理工具的商业保险

（一）从风险管理的角度看商业保险

1. 保险的定义

《中华人民共和国保险法》定义保险为：投保人根据合同约定，向保险人支付保费，保险人对合同约定的可能发生的事故因其发生造成的财产损失承担保险金责任，或者当被保险人死亡、伤残、疾病或达到合同规定的年龄、期限时承担给付保险金责任的商业保险行为。

从风险管理角度看，保险是风险汇聚的市场化安排。即多个风险主体通过保险公司实现风险汇集，从而将各自的风险状态变为保费这种确定的状态。

2. 保险的效用盈余

设投保者当前的财富水平为 W_1，面临的潜在损失为 X（未来风险状态为

$W_1 - X)$，$\mu = E(X)$ 一般称为纯保费。

设投保人支付的保费为 H，问其可接收的 H 的水平。

设投保人效用函数为 U_1，则显然要求：

$$E[U_1(W_1 - H)] \geq E[U_1(W_1 - X)]$$

即

$$U_1(W_1 - H) \geq E[U_1(W_1 - X)] \tag{7-1}$$

就式（7-1）而言，保费 H 越大，投保的效用越小，若当 H 大到 H^* 时，式（7-2）式成立：

$$U_1(W_1 - H^*) = E[U_1(W_1 - X)] \tag{7-2}$$

保与不保就没有区别。

H^* 是投保人可接收的最高保费。

一般认为投保人是风险厌恶型的，所以有：

$$E[U_1(W_1 - X)] \leq U_1[E(W_1 - X)] = U_1(W_1 - u)$$

从式（7-2）可知，应有：

$$H^* \geq \mu = E(X)。$$

这就是说投保人愿意支付的保费可以是不低于纯保费的。

从保险人角度看，设其当前的财富水平为 W_2。保险人在收取保费 G 的同时，承担风险损失 X，即：其财富风险变量变为 $W_2 + G - X$。

问保险人可接受的 G 的水平。

设 U_2 为其效用函数。显然 G 应满足：

$$E[U_2(W_2 + G - X)] \geq E[U_2(W_2)] = U_2(w_2) \tag{7-3}$$

就式（7-3）而言，G 越小，承保的效用越小。若 G 小到 G_* 时，等式成立：

$$E[U_2(W_2 + G_* - X)] = U_2(w_2) \tag{7-4}$$

承保与否亦无区别。

G_* 是保险人可接受的最低保费。

同样，若保险人也是风险厌恶型的，则有

$$E[U_2(W_2 + G - X)] \leq U_2[E(W_2 + G - X)] = U_2(W_2 + G - \mu)$$

从式（7-4）可知，应有：$G_* - \mu \geq 0$，或

$$G_* \geq \mu = E(X)$$

若式（7-2）与式（7-4）决定的 H^* 与 G_* 满足 $H^* < G_*$，则保险无法进行。

现实中，大多数情况下对投保人而言，效用的期望值小于期望值的效用是成立的，即有：

$$E[U_1(W_1 - X)] < U_1(W_1 - \mu)$$

即 $H^* > \mu = E(X)$（风险厌恶型风险主体愿意支付的保费大于纯保费）。

对保险人而言，由于 W_2 通常非常大，其效用函数接近于直线（相对于投保人而言保险人被看作是风险中性的），有：

$$E[U_2(W_2 + G - X)] = U_2[E(W_2 + G - X)] = U_2(W_2 + G - \mu)$$

即 $G_* - \mu = 0$，或 $G_* = \mu$（保险公司可接受的最低保费是纯保费）

所以有 $H^* > G_*$。

$[G_*, H^*]$ 是可行保费区间。$H^* - G_*$ 可以用来度量保险的效用盈余。

（二）可保风险与不可保风险

1. 不是所有的风险均可作为商业保险类风险汇聚安排

（1）从保险人角度看。

可保的风险必须满足如下条件：

汇聚的标的必须大致服从大数定律（量多质同）。

不确定事项（风险事故）本质上是意外的（不是故意的、确定的结果）。

风险损失是可以确定的、计量的。

不能是巨灾（非完全正相关）。

（2）从被保险人的角度看。

风险事故发生的概率比较低。

事故损失后果严重（会极大地影响风险主体的财富效用）。

2. 可保风险

财产风险：直接损失、间接损失。

人身风险（员工伤害及雇员福利）：意外死亡、疾病、年老。

责任风险：使用交通工具、产品制造、占用房屋、业务处理不当、雇佣关系。

3. 不可保风险

不可保风险包括如下几类：

市场风险（价格风险）：季节性周期性价格变化、消费者兴趣改变、消费模式改变、产品竞争；

政治风险：政权更迭与战争、与贸易相关的政策与措施（关税、汇率等）；

生产风险：技术不可能性、原材料缺乏、罢工怠工；

人身风险（部分），如失业、贫困。

（三）保险的风险汇聚成本

保险的风险汇集成本包括：经营成本——管理费用、人工费等；欺诈性索赔；投保人预防工作疏忽（道德风险）；逆向选择问题；等等。

（四）保险购买原则

1. 保险决策中的常见错误

购买不足：没有购买必要的保险，风险主体有可能要面对无法承受的损失。

购买过多：购买了不必要的保险。一些风险从经济角度看更适合自担，对这样的风险也购买保险，就出现保险购买过多问题。

在风险主体将风险自担计划或风险的财务转移计划委托给外部机构制定时，很容易出现购买过多问题。

2. 保险的优先等级

（1）基本保险。

基本保险是指那些法律要求必须购买的保险，一般用于应对那些可能导致风险全体破产的损失风险。

基本保险必须购买。

（2）重要保险。

企业有些意外损失事故一旦发生，企业将被迫通过借贷来补偿损失。应对这类风险所购买的保险是重要保险。

重要保险不是必需的，但值得考虑购买。

（3）可选保险。

企业有些意外损失可由现有资产或当前收入补偿。应对这类风险所购买的保险是可选保险。

可选保险可买可不买，实践中，多不买。

3. 保险购买原则

基本保险优先。

但因保费大于损失的期望值，所以有人认为保险应作为最后的选择。实际上，风险自担水平的确认（也有人认为风险自担应作为最后的选择）、保险水平的确认，包括整个风险管理技术的应用，对一个风险主体而言是一个系统的决定，谈不上孰先孰后，一般应是动态可调的。

二、非保险财务型风险转移工具

（一）期货（远期）的风险转移功能

远期合同指买卖双方就未来交易条件达成的合同。

期货合同指标准化的远期合同，在理论上，除价格外，其他交易条件已确定（由期货交易所事先确定）。

买卖双方均可通过签订远期合同或期货合同来固化未来的交易价格，从而规避未来现货市场波动的风险。

经济学上有一个观点：远期合约价格或期货价格是未来现货价格的无偏估计（实证研究证实，在 180 日内，特别是在 90 天内，这一结论有一定可靠性）。

设未来现货市场价格 X 为一随机变量，当前远期或期货价格为 X_0，有 $E(X) = X_0$。

这是经济学上的一般假设。

1. 卖出套期保值的情况

卖出套期保值：通过现在签订远期卖出合约或期货卖出合同来固化未来现货交易的价格以规避未来现货市场价格波动的风险，这样的交易行为就是卖出套期保值。

设 W 是风险主体当前除了未来要卖出的商品外的财富总值。对风险厌恶者而言，总有

$$E[U(W+X)] \leqslant U[E(W+X)] = U(W+X_0) = E[U(W+X_0)]$$

这就是说，风险状态 $W+X_0$ 总是不劣于 $W+X$。

所以，对于风险厌恶型风险主体，一般情况下卖出套期保值总是可以得到不劣的风险状态。

2. 买入套期保值的情况

买入套期保值：通过现在签订远期买入合约或期货买入合同来固化未来现货交易的价格以规避未来现货市场价格波动的风险，这样的交易行为就是期货买入套期保值。

设 W 是指风险主体当前的财富总量。对风险厌恶者而言，总有

$$E[U(W-X)] \leqslant U[E(W-X)] = U(W-X_0) = E[U(W-X_0)]$$

所以，对于风险厌恶型风险主体，一般情况下买入套期保值总是可以得到不劣的风险状态。

需要指出的是：①实证研究证实 $E(X) = X_0$ 并不总是成立的，尤其在较长的时期内；②上面的讨论我们未考虑期货套期保值实际操作程序，也未考虑交易成本等。

（二）期权的风险转移功能

期权又叫作选择权，是其持有人未来可按约定的条件进行交易的权利（但不是义务）。

约定的条件包括几乎所有的交易要素，如交易方向、交易品种、交易数量、交易价格、交付时间等。

期权的基本分类之一是将期权分为看涨期权和看跌期权（按未来约定的交易方向分类），也分别叫作买权和卖权。看涨期权是持有人未来有按约定的条件购买的权利；看跌期权是持有人未来有按约定的条件卖出的权利。

1. 通过买入卖权来转移价格风险

风险主体如担心未来价格下降，可支付权利金买入卖权。设支付的权利金为 M_0；未来价格为 X；行权价（约定的卖价）为 X_0，则期权买者未来实际卖出收入为 Y：

$$Y = \begin{cases} X - M_0, & X > X_0 \\ X_0 - M_0, & X \leq X_0 \end{cases}$$

因此，应否通过买入卖权来转移价格风险的问题变成比较 X 与 Y 的优劣问题。

如果风险主体对价格下降所造成的效用损失十分在意（比如采用的是最低卖价最大标准），则买入卖权就是可行的选择。

当然如果卖家采用 ES 标准，也有可能得到同样的结论。设未来市场价格（标的物价格）X 的分布如图 7 - 5 所示。则图 7 - 6 是买入卖权后实际收入 Y 的分布。点 C 的概率为 $P(Y = C) = P(X \leq X_0)$。令 $q_0 = P\{X \leq (X_0 - M_0)\}$，则对任意 $q < q_0$，Y 的期望尾损 $ES_q = (X_0 - M_0)$，而 X 的期望尾损 $ES_q \leq (X_0 - M_0)$。即 Y 最少不劣于 X。

2. 通过买入买权来转移价格风险

风险主体担心未来的商品价格上涨，可支付权利金买入买权。设未来商品价格为 X，是一个随机变量，现在支付的权利金为 M_0；行权价格（约定的买价）为 X_0。

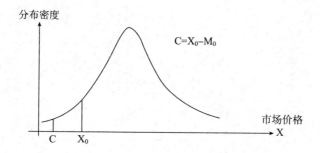

图 7-5 未来市场价格 X 的分布

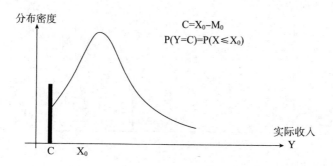

图 7-6 买入卖权后实际收入 Y 的分布

所以，期权买入者未来实际支出 Y 为

$$Y = \begin{cases} X_0 + M_0, & X > X_0 \\ X + M_0, & X \leqslant X_0 \end{cases}$$

因此，应否通过买入买权转移风险的问题便变成了比较 X 和 Y 的优劣问题。

如果风险主体对价格上升导致的效用损失很在意（比如采用的是最高买价最小标准），则通过买入买权规避风险就是可行办法。

当然如果买家采用 ES 标准，也有可能得到同样的结论。设未来市场价格（标的物价格）X 的分布如图 7-7 所示。图 7-8 是买入买权后实际支出 Y 的分布。点 C 的概率为 $P(Y = C) = P(X \geqslant X_0)$。令 $q_0 = p\{X \geqslant (X_0 + M_0)\}$，则对任意 $q < q_0$，Y 的期望尾损 $ES_q = (X_0 + M_0)$，而 X 的期望尾损 $ES_q \geqslant (X_0 + M_0)$。即 Y 最少不劣于 X。

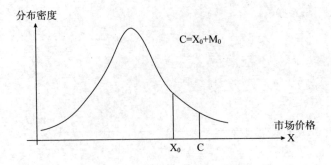

图 7 - 7　未来市场价格 X 的分布

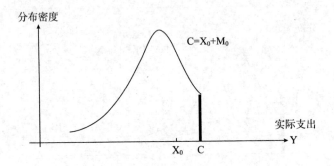

图 7 - 8　买入买权后实际支出 Y 的分布

　　效用盈余广泛存在是风险市场存在的理论基础，风险主体间可以通过交换风险状态增加其效用，从而增加人类整体效用。

习 题

1. 设车主当前财富水平为 W_0，如果不参加保险其未来一年内因车损而使财富减少的概率分布情况如下：

财富水平	$W_0 - 0$	$W_0 - 40000$	$W_0 - 80000$
概率	70%	20%	10%

如果其参加保险，保费为 18000 元（财富水平变为 $W_0 - 18000$）。
设车主的效用函数为：

财富水平	$W_0 - 0$	$W_0 - 18000$	$W_0 - 40000$	$W_0 - 80000$
效用值	0	-11000	-40000	-90000

忽略保费、车损实际发生的时间差异，请确定：

（1）车主应否购买车损保险？

（2）如果保险公司是风险中性的，其可接受的最低保费是多少？

2. 甲、乙面临的财富风险状态和效用函数如下：

甲面临的风险状态为 乙的风险状态为

$$P = \begin{cases} 50\%, & X = 100 \\ 50\%, & X = 0 \end{cases} \qquad Y = 45$$

$$U_{甲} = \begin{cases} 0, & X = 0 \\ a, & X = 45 \\ 100, & X = 100 \end{cases} \qquad U_{乙} = \begin{cases} 0, & Y = 0 \\ b, & Y = 45 \\ 80, & Y = 100 \end{cases}$$

问 a 满足什么条件时甲愿卖出风险机会 X、收入 Y？b 满足什么条件时乙愿用 45 买入风险机会 X？

3. 设甲、乙都是风险厌恶型的风险主体。

甲面临的财富风险状态为

$$P = \begin{cases} 50\%, & X = 100 \\ 50\%, & X = 0 \end{cases}$$

其效用函数为

$$U_{甲} = \begin{cases} 0, & X = 0 \\ 51, & X = a \\ 100, & X = 100 \end{cases}$$

乙面临的财富风险状态为

$$Y = a$$

其效用函数为

$$U_{乙} = \begin{cases} 0, & X = 0 \\ b, & X = a \\ 80, & X = 100 \end{cases}$$

问：a、b 满足什么条件，甲和乙之间存在交换财富 X 和 Y 的效用盈余？

4. 设风险主体的效用函数为指数效用函数：

$$u(x) = [1 - e^{-\alpha x}]/\alpha; \quad 其中，\alpha > 0。$$

其面临的风险状态为正态分布：

$$X_1 \sim N(1, \sigma_1^2)$$

现在风险市场有可供交换的风险状态：

$$X_2 \sim N(3, \sigma_2^2)$$

问 σ_2 满足什么条件，风险主体可以将 X_1 换为 X_2。

5. A、B 股票当前的价格均为 X，一年后的价格分别为 X、Y，且 $E(X) = E(Y)$；但 A 股票和 B 股票的未来价格独立。基金经理现在计划将总资金的 λ 倍（$0 \leqslant \lambda \leqslant 1$）买 A 股票，（$1 - \lambda$）倍买 B 股票。一年后总市值是一个随机变量。在均值—方差标准下，λ 应为何值？

另外，举例说明两个风险喜好型风险主体之间也可能存在效用盈余。

第八章　风险管理的组织与实施

一个人进入了一家企业或一个机构，他该如何认识自己在风险管理中扮演的角色？如何认识机构的风险管理工作或如何组织风险管理工作？显然这是十分重要的事。在前面的章节中我们主要讨论的是风险管理的专业知识，而一个风险主体如何组织和实施风险管理，虽然有专业要求，但在很大程度上属管理学领域。本章我们主要从管理学角度集中讨论风险管理的组织和实施。第一节，我们讨论风险管理的组织和实施；第二节至第四节，我们分别简要介绍作者认为有代表性的三个风险管理框架：美国的企业风险管理框架（COSO ERM 框架）、我国的《中央企业全面风险管理指引》、国际标准化组织公布的国际标准 ISO31000《风险管理——原则与实施指南》。

第一节　风险管理的组织和实施

一个有组织形态的机构其风险管理的组织和实施工作一般包括如下内容。

一、建立风险管理的组织架构

一个有组织形态的机构一定有其使命，其组织架构即是为达成其使命而设计。例如，一家公司的使命规定为：通过向社会提供某种特殊食品而创造利润，为此公司将其组织架构设计为如图 8 − 1（a）所示，其中 A 是执行公司总部职能的部门，B 是执行生产职能的生产部门；这是公司的原始组织架构，该架构提供生产食品、创造利润的功能（原始功能），但不提供风险管理功能。

如果公司要实施风险管理，那么，首先就要扩展 A、B 的职能，公司的组织架构首先就要变为如图 8 − 1（b）所示，A、B 扩展的部分构成公司风险管理的组织架构基础；同时，公司多半还会组建专业风险管理部门 C，将公司的组织架构如图8-1（a）变为如图8-1（c）所示。部门A、B的扩展部分和部门C构成公司的风险管理组织架构。

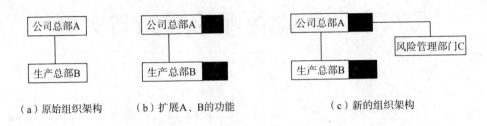

（a）原始组织架构　　　　（b）扩展A、B的功能　　　　（c）新的组织架构

图8-1　组织架构的演变

这只是一个简单的示意图。现实中，风险管理部门可能不止一个，而原始组织架构的构成部门也可能远不止A、B两个部门。

二、确定风险管理目标

建立了风险管理组织架构后，就要确定架构中各个参与者（各个部门，如图8-1中的A、B、C三个部门）的风险管理目标。美国COSO ERM框架认为，任何层次的风险管理参与者，其风险管理目标都有四类，分别是：战略目标、经营目标、报告目标和合规目标。我国《中央企业全面风险管理指引》则认为风险管理有五类目标。

三、设计实现各风险管理目标的行为

各级风险管理主体（如图8-1中的A、B、C就是三个风险管理主体）的风险管理目标确定后，就要设计实现各个目标的行为：做哪些事才能实现目标。美国COSO ERM框架认为，实现任何一个风险管理目标，都要做8件事，分别包括：营造内部环境、目标设定、事项识别、风险评估、风险应对、控制活动、信息与沟通、监控。我国《中央企业全面风险管理指引》则认为要实现风险管理目标要做五件事。

四、制定合理有效的行为流程

实现各风险管理目标的行为（活动）设计出来后，就要为每项活动制定流程，流程必须有效、合理。所谓有效，是指活动按流程完成，风险管理目标能实

现；所谓合理，是指从事该活动时，没有资源的无谓损耗（活动本身在资源利用上是有效的）。

五、实施与改进

风险管理流程制定后，就要严格执行风险管理流程；并在执行一段时间后，重新评估流程的有效性、合理性，重新评估活动的充分性和必要性，重新评估风险管理活动和风险管理目标的关系、风险管理目标与机构使命的关联性；必要时及时作出调整或改进。

实践中，一般认为一个机构如果制定了足够数量的风险管理流程，所有流程是有效、合理的，所有流程得到了严格遵守，那么人们就有理由相信该机构的风险管理工作到位、该机构的风险得到了合理控制。

第二节　企业风险管理框架（COSO ERM 框架介绍）

一、企业风险管理的演变

企业风险管理起源于 20 世纪 60 年代，开始主要集中于管理纯粹风险，常用的风险规避方法是保险。

但 70 年代出现了大量的新风险，包括外汇、商品价格、股票、利率风险等。于是 80 年代广泛重视了用衍生金融工具应对金融风险，远期、期货、调期、期权等金融衍生工具得到了广泛的应用。而到了 90 年代，因金融衍生工具不当使用，金融风险加剧，于是产生了企业风险管理。

企业风险管理开始主要目的是力避衍生工具带来的灾难，最后发展为最优化公司价值的工具。

2003 年美国 COSO 委员会（全美反舞弊性财务报告委员会发起组织，Committee of Sponsoring Organizations of the Treadway Commission，COSO，该组织是美国有关财务、会计、审计领域的 5 大协会于 1985 年共同发起成立的、旨在探讨财务报告中的舞弊产生的原因并寻找解决之道的组织）在《内部控制——整体框架》基础上出台了《企业风险管理框架》（以下简称 COSO ERM 框架）征求意见稿，2004 年 9 月正式公布，为企业有效地进行风险管理提供了一个强有力的理论指导。

二、COSO ERM 框架关于企业风险管理的定义

企业风险管理是一个过程，它是由一个主体的董事会、管理当局和其他人员实施，应用于战略制定并贯穿于企业之中，旨在识别可能会影响主体的潜在事项，管理风险以使其在该主体的风险容量之内，并为主体目标的实现提供合理保证。

这个定义反映了几个基本概念。企业风险管理是：

（1）一个过程，它持续地流动于主体之内。

（2）贯穿于企业，由组织中各个层级的人员实施。

（3）用于战略制订。

（4）旨在识别一旦发生将会影响主体的潜在事项，并把风险控制在风险容量以内。

（5）能够向一个主体的管理当局和董事会提供合理保证。

（6）力求实现一个或多个不同类型但相互交叉的目标。

这个定义比较宽泛。它抓住了对于公司和其他组织如何管理风险至关重要的关键概念，为不同组织形式、行业和部门的应用提供了基础。它直接关注特定主体既定目标的实现，并为界定企业风险管理的有效性提供了依据。

三、COSO ERM 框架的四种类型的目标

企业风险管理框架力求实现主体的以下四种类型的目标：

（1）战略（Strategic）目标——高层次目标，与使命相关联并支撑其使命。

（2）经营（Operations）目标——有效和高效率地利用其资源。

（3）报告（Reporting）目标——报告的可靠性。

（4）合规（Compliance）目标——符合适用的法律和法规。

四、COSO ERM 框架的八个要素和四个层次

（一）内部环境

内部环境包含组织的基调，它影响组织中人员的风险意识，是企业风险管理其他构成要素的基础，为其他要素提供约束和结构。内部环境因素包括主体的风险管理理念，主体的风险容量，董事会的监督，主体中人员的诚信、道德价值观

和胜任能力，以及管理层分配权力和职责、组织和开发其员工的方式。

1. 风险管理理念

主体的风险管理理念代表着决定主体如何考虑所有活动中的风险的共同的信念和态度。它反映了主体的价值观，不仅影响着它的文化和经营风格，还影响着如何应用企业风险管理的构成要素，包括识别事项、所承受的风险的类型，以及如何对它们进行管理。

2. 风险容量

在企业制定经营战略的过程中，往往会考虑风险容量，使战略与风险容量相协调。它是战略制定的指向标。公司可能将风险容量表述为增长、风险和报酬之间可接受的平衡，以及风险调整的股东增加值指标。

3. 董事会

董事会在风险管理活动中是积极的。它在知道和同意主体的风险容量的基础上，提供对企业风险管理的监督。

4. 组织结构

组织结构反映了职责和责任，确定了报告的途径，并且使有效的企业风险管理成为了可能。

（二）目标设定

设定战略层次的目标，为经营、报告和合规目标奠定了基础。每个主体都面对来自内部和外部的一系列的风险，确定目标是有效的事项识别、风险评估和风险应对的前提。目标主要分为战略目标与相关目标，相关目标又有经营目标、报告目标、合规目标等。确定了具体目标后，管理层还要考虑如何支持主体的使命，而且要确保它们与主体的风险容量相协调。

风险容限。风险容限是相对于目标的实现而言所能接受的偏离程度，风险容限最好采用与相关目标相同的单位来计量。

（三）事项识别

在活动中，管理者会识别对主体目标实现产生影响的潜在事项——机会或风险，识别结果也会被反馈到管理层的战略或目标制定过程中。所以，管理层要在组织的全部范围内考虑一系列的可能带来风险和机会的内部和外部因素。

1. 事项识别技术

事项识别技术既关注过去，也着眼于未来。关注过去事项和趋势的技术考虑如违约的历史、商品价格的变动以及浪费时间的事故等问题。着眼于未来风险则侧重于考虑如新的市场情况以及竞争者的行动等问题。

2. 相互依赖性

在事项识别过程中，管理层应该明白事项彼此之间的联系，通过评估这种关系，确定风险管理活动的重点和方向。

（四）风险评估

在企业风险管理活动中，风险评估这个构成要素是在整个主体中进行活动的一个持续性和重复性的互动。风险评估能够使主体考虑潜在事项，从而影响目标实现的程度。管理层从两个角度——可能性和影响——对事项进行评估，并且采用定性和定量相结合的方法。

1. 固有风险和剩余风险

管理层要评估固有风险。风险应对一旦确立，管理层就要考虑剩余风险。

2. 估计可能性与影响

潜在事项的不确定性从两个方面进行评价，即可能性和影响。可能性表示一个给定事项将会发生的概率，而影响则代表它的后果。评估风险的时间范围也应该与相关战略和目标的时间范围相一致。

3. 评估技术

一个主体的风险评估方法包括定性和定量技术的结合。在不要求定量化或者定量化评估无法实现的情况下，管理层通常采用定性的评估技术。定量技术可以带来更高的精确度，但是却高度依赖支持性数据和假设的质量。

（五）风险应对

在风险评估后，管理层需要确定如何回避、降低、分担和承受风险。回避意味着所确定的应对方案都不能把风险的影响和可能性降低到一个可接受的水平；降低和分担意味着把剩余风险降低到与期望的风险相协调的水平；而承受则表明固有风险已经在风险容限之内。

1. 评价可能的应对

在评价应对方案的过程中，管理层同时考虑对风险的可能性和影响的效果，认识到应对可能会对可能性和影响产生的不同效果。

2. 选定的应对

在评价了备选风险应对的效果之后，管理层就需要决定如何管理风险，选择一个旨在使风险的可能性和影响处于风险容限之内的风险应对方法或者应对组合。

3. 组合观

管理者要从整个主体范围即组合的角度考虑风险，并且确定主体的声誉风险是否与它总的风险容量相称。

（六）控制活动

控制活动是帮助确保管理层的风险应对得以实施的政策和程序。控制活动的发生贯穿于整个组织，遍及各个层级和职能部门；包括一系列不同的活动，如批准、授权、验证、调节、经营业绩评价、资产安全及职责分离。

1. 控制活动的类型

管理层从多种类型的控制活动中进行选择，包括预防性的、侦察性的、人工的、计算机的和管理控制的。

2. 政策与程序

控制活动一般包括两个要素：确定应该做什么的政策，以及实现政策的程序。在执行程序时要敏锐、持续地关注政策所针对的情况。

（七）信息与沟通

有关的信息是用来保证人们能够履行其职责的形式和时机。每个主体都需要识别和获取与管理该主体相关的、广泛的内外部事项和活动信息。

1. 信息

主体的各个层级都需要信息，且信息基础结构把原始数据转换成帮助员工履行他们的企业风险和其他职责的相关信息，以便识别、评估和应对风险，并从各个方面去经营主体和实现其目标。

2. 沟通

信息系统必须把信息提供给相关人员，一边将企业风险管理理念严格推行。但是沟通不仅着眼内部管理人员之间，还包括畅通的外部沟通渠道。沟通可以采取类似的政策手册、规章制度、网络发布等方式进行。

（八）监控

一个主体的企业风险管理会随着时间而变化，所以对企业风险管理的监控，需要随时对其构成要素的存在和运行进行评估。监控可以以两种方式进行：持续监控活动或者专门评价。

1. 持续监控活动

它处于一个主体正常的、反复的经营活动之中，往往可以在风险发生前发现并采取控制活动。持续监控活动被实时地执行，动态地应对变化的情况，并且根植于主体之中。

2. 专门评价

由于专门评价发生在事后，利于总结，所以许多主体即使有着良好的持续监控活动，也会定期地对企业风险管理进行专门评价、自我评估。

企业风险管理的四个层次是：总公司、科室、业务单位和子公司。

五、构建 ERM 框架

构建 ERM 框架就是结合四种类型的目标、八个要素和四个层次，构成一个三维体系，如图 8－2 所示。

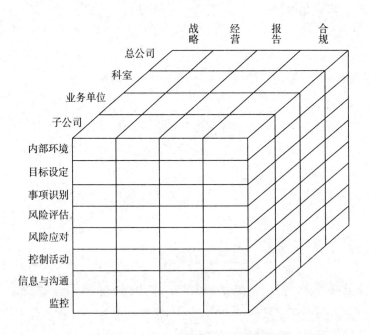

图 8－2　四种目标、八个要素和四个层次的三维 ERM 框架

1. 目标与构成要素之间的关系

目标是指一个主体力图实现什么；企业风险管理的构成要素则意味着需要什么来实现它们。二者之间有着直接的关系。这种关系可以通过一个三维矩阵以立方体的形式表示出来。四种类型的目标——战略、经营、报告和合规——用垂直方向的栏表示；八个构成要素用水平方向的行表示；而一个主体内的各层次则用第三个维度表示。这种表示方式使我们既能够从整体上关注一个主体的企业风险管理，也可以从目标类别、构成要素或主体层次的角度，乃至其中的任何一个分项的角度去加以认识。

2. 有效性

认定一个主体的企业风险管理是否"有效"，是在对八个构成要素是否存在和有效运行进行评估的基础之上所做的判断。因此，构成要素也是判定企业风险管理有效性的标准。构成要素如果存在并且正常运行，那么就可能没有重大缺陷，而风险则可能已经被控制在主体的风险容量范围之内。如果确定企业风险管理在所有四类目标上都是有效的，那么董事会和管理当局就可以合理保证他们了解主体实现其战略和经营目标、主体的报告可靠以及符合适用的法律和法规的程度。八个构成要素在每个主体中的运行并不是千篇一律的。例如，在中小规模主体中的应用可能不太正式、不太健全。尽管如此，当八个构成要素存在且正常运行时，小规模主体依然会拥有有效的企业风险管理。

四种类型的目标、八个要素和四个层次，如果每个层次只有一个风险主体，则企业应制定的风险管理流程共有 $4 \times 8 \times 4 = 128$ 个，每个风险主体应制定的风险管理流程是 32 个。

第三节 《中央企业全面风险管理指引》简介

2006 年 6 月 6 日，国务院国有资产监督管理委员会颁布《中央企业全面风险管理指引》，可以算作是中国版的 ERM，指引分十章。第一章为总则；第二章为风险管理初始信息；第三章为风险评估；第四章为风险管理策略；第五章为风险管理解决方案；第六章为风险管理的监督与改进；第七章为风险管理组织体系；第八章为风险管理信息系统；第九章为风险管理文化；第十章为附则。

一、风险与风险管理的定义

在《中央企业全面风险管理指引》中，企业风险是指未来的不确定性对企业实现其经营目标的影响。企业风险一般可分为战略风险、财务风险、市场风险、运营风险、法律风险五大类；也可以能否为企业带来盈利等机会为标志，将风险分为纯粹风险（只有带来损失一种可能性）和机会风险（带来损失和盈利的可能性并存）。

在《中央企业全面风险管理指引》中，全面风险管理是指企业围绕总体经营目标，通过在企业管理的各个环节和经营过程中执行风险管理的基本流程，培育良好的风险管理文化，建立健全全面风险管理体系，包括风险管理策略、风险理财措施、风险管理的组织职能体系、风险管理信息系统和内部控制系统，从而为实现风险管理的总体目标提供合理保证的过程和方法。

二、风险管理总体目标

在《中央企业全面风险管理指引》中，风险管理总体目标包括：

（1）确保将风险控制在与总体目标相适应并可承受的范围内。

（2）确保内外部，尤其是企业与股东之间实现真实、可靠的信息沟通，包括编制和提供真实、可靠的财务报告。

（3）确保遵守有关法律法规。

（4）确保企业有关规章制度和为实现经营目标而采取重大措施的贯彻执行，保障经营管理的有效性，提高经营活动的效率和效果，降低实现经营目标的不确定性。

（5）确保企业建立针对各项重大风险发生后的危机处理计划，保护企业不因灾害性风险或人为失误而遭受重大损失。

三、风险管理基本流程

在《中央企业全面风险管理指引》中，风险管理基本流程包括以下主要工作：

（1）收集风险管理初始信息。

（2）进行风险评估。

（3）制定风险管理策略。

（4）提出和实施风险管理解决方案。

（5）风险管理的监督与改进。

四、风险管理三道防线

《中央企业全面风险管理指引》要求企业开展全面风险管理工作应与其他管理工作紧密结合，把风险管理的各项要求融入企业管理和业务流程中。具备条件的企业可建立风险管理三道防线，即各有关职能部门和业务单位为第一道防线；风险管理职能部门和董事会下设的风险管理委员会为第二道防线；内部审计部门和董事会下设的审计委员会为第三道防线。三道防线关系图如图8-3所示。

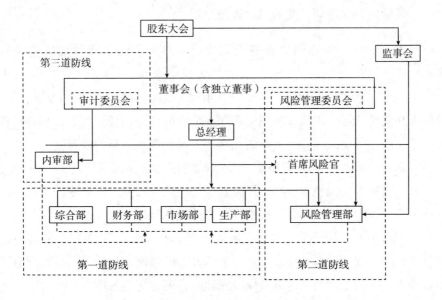

图8-3 企业全面风险管理三道防线关系图

所以按《中央企业全面风险管理指引》，风险管理涉及五类目标、五项工作、三道防线。防线中的每个风险管理主体应制定 $5 \times 5 = 25$ 个风险管理流程。

最后，我们要指出，判断一个企业的风险管理工作是否是有效的，主要包括如下内容：一是看其是否制定了所有必要的风险管理流程；二是看是否每一流程都是合理有效的；三是看企业是否是按流程操作的。如果一个企业制定了所有必要的风险管理流程、所有流程都是合理有效的，而企业又是严格按流程操作的，那么我们可以认为企业的风险管理是有效的。

第四节　ISO31000《风险管理——原则与实施指南》介绍

2009年9月国际标准化组织公布了国际标准 ISO31000《风险管理——原则与实施指南》。该标准的适用对象是所有具有组织形态的风险管理主体。该标准主要包括三大部分：风险管理的原则、风险管理的框架和风险管理的流程。以下分别进行介绍。

一、风险所有者必须遵循的风险管理原则

ISO31000 指出，为达到效益的最大化，风险主体的风险管理应遵循以下原则：

（1）风险管理创造价值。风险管理应有助于组织目标的实现和改进，例如，人类健康和安全增进、法律和法规的遵守、公众的认同、环境保护、财务目标的达成、产品质量的提高、业务效率的提高、公司治理和声誉的改善。

（2）风险管理是组织进程中不可分割的组成部分。风险管理是管理职责中的一部分，同所有其他职责一样，风险管理是组织进程中不可分割的一部分。风险管理不是与组织主要活动和组织进程分离的独立活动。

（3）风险管理是决策的一部分。风险管理应有助于决策者作出明智的选择。风险管理有助于确立优选方案以及对各备选方案的判断。最后，风险管理有助于决策者确定风险的可接受程度以及风险处理的合理性与有效性。

（4）风险管理明确地将不确定性表达出来。风险管理可以处理决策中的不确定性、不确定性因素，以及这些不确定性如何表达。

（5）风险管理应系统化、结构化、及时化。系统、及时、结构化的风险管理方法有助于提高效率和可持续发展，增加可靠性。

（6）风险管理依赖于信息的有效程度。风险管理所需的信息来源于如经验、反馈、观察、预测和专家的判断等。但是，决策者应考虑到数据或模型的局限性以及专家之间产生分歧的可能性。

（7）风险管理应适应组织。风险管理应符合组织的外部、内部环境和风险状况。

（8）风险管理应考虑人力和文化因素。风险管理应考虑外部和内部人员的能力、观点和倾向，这些因素可以促进或阻碍组织目标的实现。

（9）风险管理应该是透明的、包容的。风险管理应包括利益相关者，尤其组织的各级决策者，以确保风险管理工作的相关性并及时更新。允许利益相关者对风险管理提出自己的观点，在风险标准的确定中应考虑他们的意见。

（10）风险管理应该是动态的、反复的以及适应变化的。由于内部和外部事件的不断发生、背景和知识的不断改变、监控和审查的出现、新风险的发生，以及其他一些影响因素的变化或消失，组织应保持风险管理的敏感性并及时响应变革。

（11）风险管理应不断改善和加强。组织应当制定和实施战略，来完善组织各方面的风险管理。

二、设计风险管理架构

在明确了组织的风险管理原则后，一个组织的风险管理工作是通过风险管理框架的设计来启动的。

风险管理框架是指：风险主体旨在为设计、实施、监控、检查或持续改进风险管理而做出的基础性和组织性安排。

这里的基础性安排是指：风险主体在风险管理的政策、目标、任务和承诺方面的安排；这里的组织性安排则主要是指：风险主体在风险管理的计划、职责、资源、流程和活动等方面的安排。

图 8－4 是 ISO31000 建议的风险管理框架设计及其改进循环图。

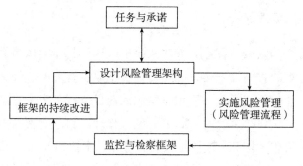

图 8－4 风险管理框架设计及其改进循环

1. 任务与承诺

任务与承诺就是制定组织的风险管理政策，包括组织的管理层关于风险管理的战略规划和风险管理的承诺。

应确保组织的各级管理成员对这些规划与承诺的认知与认可。

2. 设计风险管理框架

设计风险管理框架的工作内容主要是：明确组织的内部环境和外部环境；制定风险管理政策（任务与承诺的进一步具体化）；明确责任及其分配（谁的风险？谁负责哪些管理职能？）；资源配置；内部沟通与报告机制；外部沟通与报告机制。

明确风险管理环境是指界定风险管理应考虑的内部和外部参数，并设置风险管理政策的范围和风险标准。

这里的外部环境包括：文化、社会、政治、法律、监管、财政金融、技术、经济、自然和竞争环境（国际、国内、地区）；影响行为结果的动力因素及其变化趋势；风险主体与外部利益相关者的关系、外部利益相关者的价值取向。

这里的内部环境包括：组织的结构和治理；组织的政策、目标和战略；资源；内部利益相关者的价值观及组织文化等（如投资银行、对冲基金）。

建立风险管理政策是指清楚阐明组织的风险管理的目标和组织对风险管理的承诺。通常包括如下内容：组织风险管理的基本原理；组织目标和政策与风险管理政策的联系；风险管理的职责、义务；利益冲突的处理方法；资源承诺；风险管理绩效测量和报告的方式；承诺定期检讨和改善风险管理政策与框架，并对环境的变化做出响应；风险管理政策应适当传达到组织各级人员。

风险管理职责问题指应识别组织各级风险主体，将风险管理职责分配给他们。

三、制定风险管理流程

为将风险管理的政策、程序、方法系统地应用于具体的风险管理活动而做出的包含一系列行动的程序性安排，它是如何实施风险管理的具体化。风险管理流程是组织管理工作的组成部分，应根据组织的业务流程制定。

图 8 – 5 是 ISO31000 建议的应制定的风险管理流程。需要说明的是，风险管理流程不是一个流程，图 8 – 5 中每一个框对应一个流程、每一个箭头对应一个流程。组织中的每一个风险管理主体、每一项业务，都应有如图 8 – 5 所示的风险管理流程。

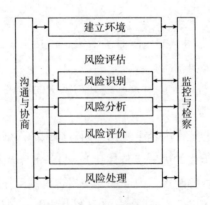

图 8 – 5　风险管理流程

习 题

1. 风险管理如何创造价值?

2. COSO ERM 框架如何定义企业风险管理?

3. ERM 框架三维体系中的四种类型的目标、八个要素和四个层次分别是什么?

4. 《中央企业全面风险管理指引》中如何定义企业风险?

5. 《中央企业全面风险管理指引》中企业风险一般可分哪几种?

6. 比较《中央企业全面风险管理指引》中企业总体目标和 ERM 框架中企业目标。

7. 《中央企业全面风险管理指引》要求具备条件的企业应建立哪三道风险管理防线?

计算题和证明题答案

第二章 习 题

二、计算题

第1题

解：设随机变量 η 是车主因交通事故导致的经济损失额，随机变量 $\xi=0$ 表示不出交通事故，$\xi=1$ 表示发生交通事故。

(1) $P(\eta \leqslant 6000, \xi=1)$

$= P(\eta \leqslant 6000/\xi=1)P(\xi=1)$

$= (0.10+0.10+0.10) \times (15/100)$

$= 0.045$

(2)

①$E(\eta) = 0 \times P(\eta=0) + \sum \eta i \times P(\eta=\eta i)$

$= \sum \eta i \times [P(\eta=\eta i, \xi=1) + P(\eta=\eta i, \xi=0)]$

$= \sum \eta i \times [P(\eta=\eta i/\xi=1)P(\xi=1) + P(\eta=\eta i/\xi=0)P(\xi=0)]$

$= \sum \eta i \times P(\eta=\eta i/\xi=1)P(\xi=1)$

$= (2000 \times 0.10 + 4000 \times 0.10 + 6000 \times 0.10 + 8000 \times 0.30 + 10000 \times 0.20 + 12000 \times 0.10 + 14000 \times 0.10) \times 0.15$

$= 6200 \times 0.15$

$= 930$

② $E(\eta/\xi = 1) = \sum \eta i \times P(\eta = \eta i/\xi = 1) = E(\eta)/P(\xi = 1)$
$$= 930/0.15 = 6200$$

第2题

解：

（1）收益与指数的相关系数为：0.9897

（2）最小二乘估计的收益—指数线性相关方程为

$Y = -56.3333 + 0.4864x$

（3）燃气公司当月收益的概率分布为：

收益	约40.95	约45.81	约50.67	约55.54	约60.40	约65.27
概率	0.01	0.01	0.03	0.03	0.01	0.01

第3题

解：

交通事故率	≤0.0101	0.0101~0.0201	≥0.0201
概率	50%	30%	20%

第4题

解：

赔付额	≤90.8	90.8~170.8	≥170.8
概率	50%	30%	20%

第5题

解： 标准正态分布的0.90分位数是1.282，因此，

$$\frac{VaR_{0.10} + E(X)}{\sqrt[2]{D(X)}} = 1.282$$

$VaR_{0.10} = 1.282 \times \sqrt[2]{D(X)} - E(X) = -44.872$

第6题

证明：

设 x_j 的在险值为 VaR_j，$(\sum X_i)/n$ 的在险值为 $VaR\rho$。

对任意置信水平（$1-\alpha$），根据定义有：

$Prob(\Delta x_j > -VaR_j) = 1 - \alpha$，即

$$\text{Prob}\left(\frac{\Delta x_j - 0}{\sigma} > \frac{-\text{VaR}_j - 0}{\sigma}\right) = 1 - \alpha \tag{1}$$

$$\text{Prob}(\Delta(\sum X_i)/n > -\text{VaR}\rho) = 1 - \alpha, \text{ 即}$$

$$\text{Prob}\left(\frac{\Delta\left(\frac{1}{n}\sum_{i=1}^{n} x_i\right) - 0}{\sigma\sqrt{n}} > \frac{-\text{VaR}\rho - 0}{\sigma\sqrt{n}}\right) = 1 - \alpha \tag{2}$$

$\because E(\Delta x_j) = 0, \ D(\Delta x_j) = \sigma^2$

$\therefore \dfrac{\Delta x_j - 0}{\sigma} \backsim N(0, \ 1)$

又

$\because E\left[\Delta\left(\dfrac{1}{n}\sum\limits_{i=1}^{n} x_i\right)\right] = 0$

$D\left[\Delta\left(\dfrac{1}{n}\sum\limits_{i=1}^{n} x_i\right)\right] = n\sigma^2$ （提示：计算中用到 $x_1, \ x_2, \cdots, \ x_n$ 相互独立）

$\therefore \dfrac{\Delta\left(\dfrac{1}{n}\sum\limits_{i=1}^{n} x_i\right) - 0}{\sigma\sqrt{n}} \backsim N(0,1)$

由式（1）、式（2）我们得到：

$\dfrac{-\text{VaR}\rho - 0}{\sigma\sqrt{n}} = \dfrac{-\text{VaR}_j - 0}{\sigma}, \ \text{即}$

$\text{VaR}\rho = \sqrt{n}\text{VaR}_j$

$\because n \geqslant 2$

$\therefore \text{VaR}\rho < \text{VaR}_j$

第四章　习　题

二、计算题和证明题

第 1 题

证明：

$\forall$ 实数 a,

$$\because F_1(a) = P\{x \leqslant a\} = P\left\{\frac{x - E(X)}{\sqrt{D(X)}} \leqslant \frac{a - E(X)}{\sqrt{D(X)}}\right\} \tag{1}$$

$$G_1(a) = P\{y \leqslant a\} = P\left\{\frac{y - E(Y)}{\sqrt{D(Y)}} \leqslant \frac{a - E(Y)}{\sqrt{D(Y)}}\right\} \tag{2}$$

而 $\dfrac{x - E(X)}{\sqrt{D(X)}}$、$\dfrac{y - E(Y)}{\sqrt{D(Y)}}$ 均服从标准正态分布，且 $\dfrac{a - E(X)}{\sqrt{D(X)}} > \dfrac{a - E(Y)}{\sqrt{D(Y)}}$

$\therefore F_1(a) > G_1(a)$

根据一阶随机占优定义，Y 优于 X。

第 2 题

解：

因为 $E(U(w)) = 10 \times 30\% + 15 \times 70\% = 13.5$

令 $U(D) = E[U(W)] = 13.5 = 20 - \dfrac{100}{D}$

解得，$D = 15.38$

又 $E(W) = 10 \times 30\% + 20 \times 70\% = 17$

所以：$P_M = E(W) - D = 17 - 15.38 = 1.62$

第 3 题

证明：

$$\because E\left(\frac{1}{n}\sum_{i=1}^{n} x_i\right) = E(x_k) = \mu$$

$$D\left(\frac{1}{n}\sum_{i=1}^{n} x_i\right) = E\left\{\left(\frac{1}{n}\sum_{i=1}^{n} x_i\right) - E\left(\frac{1}{n}\sum_{i=1}^{n} x_i\right)\right\}^2$$

$$= \frac{1}{n^2}E\left\{\sum_{i=1}^{n}\left[x_i - E(x_i)\right]\right\}^2$$

$$= \frac{1}{n^2}E\left\{\sum_{i=1}^{n} a_i\right\}^2 \quad 其中\, a_i = x_i - E(x_i)$$

$$= \frac{1}{n^2}E\left\{\sum_{i=1}^{n}\sum_{j=1}^{n} a_i a_j\right\}$$

$$= \frac{1}{n^2}\left\{\sum_{i=1}^{n}\sum_{j=1}^{n} E(a_i a_j)\right\}$$

$$= \frac{1}{n^2}\left\{\sum_{i=1}^{n}\sum_{j=1}^{n} cov(x_i, x_j)\right\} \tag{1}$$

对任意 i、j，

$$\mathrm{cov}(x_i,\ x_j)\leqslant\sigma^2,$$

且根据题意至少有一个

$$\mathrm{cov}(x_i,\ x_j)<\sigma^2$$

$$\therefore\ <\frac{1}{n^2}n^2\sigma^2=\sigma^2=D(X_k),\ k\in\overline{1,\ n}$$

即 $\frac{1}{n}\sum_{i=1}^{n}x_i$ 相对于任意 x_j，均值不变，方差变小了。

第4题

解：

（1）期末损失的分布为：

概率　　　　　损失

10%　　　　　-150

30%　　　　　-80

35%　　　　　-50

25%　　　　　80

（2）$\mathrm{ES}_{0.15}=\dfrac{-150\times10\%+(-80)\times5\%}{0.15}=-126.7$

（3）$\mathrm{ES}_{0.45}=\dfrac{-150\times10\%+(-80)\times30\%+(-50)\times5\%}{0.45}=-92.22$

第5题

解：

X 相对于 Y 不是一阶随机占优的。

∵ 对于任意实数 a，

$$P\{X<a\}=P\left\{\frac{X-\mu}{3}<\frac{a-\mu}{3}\right\}$$

$$P\{Y<a\}=P\left\{\frac{Y-\mu}{4}<\frac{a-\mu}{4}\right\}$$

$\frac{X-\mu}{3}$、$\frac{Y-\mu}{4}$ 均服从标准正态分布。

当 $a<\mu$ 时，$\frac{a-\mu}{3}<\frac{a-\mu}{4}$，此时 $P(X<a)<P\{Y<a\}$

当 $a>\mu$ 时，$\frac{a-\mu}{3}>\frac{a-\mu}{4}$，此时 $P(X<a)>P\{Y<a\}$

∴ 根据一阶随机占优的定义，X 相对于 Y 不是一阶随机占优的。

第 6 题

证明：

设 E（W）=μ

过（μ，u(μ)）作 u(w)的切线，为：

Y(W) = u(μ) + u'(μ)(W − μ)

因为 u″ < 0，所以 U ≤ Y

所以有：E[u(W)] ≤ E[u(μ) + u'(μ)(W − μ)]

即：E[U(W)] ≤ E[u(μ)] = u(μ) = u[E(W)]

第 7 题

解：

参与者愿意支付的最大金额为 256 美元。

第 五 章 习 题

一、计算题

第 1 题

解：

赌局 A：Rnq = 100，P = 100% ；

赌局 B：Rnq = 500，P = 65.13% ；

赌局 C：Rnq = 99，P = 64.96% ；

赌局 D：Rnq = 500，P = 65.13% 。

第 2 题

解： 当 λ ∈ [0%，90%]

Rnq = 500，P = 65.13% 。

第六章 习 题

第 2 题

解：

$\because y_1$ 与 y_2 是同分布，且 $y_1 = x/2$

$\therefore E(y_1) = E(y_2) = \dfrac{E(x)}{2}$

$D(y_1) = D(y_2) = \dfrac{D(x)}{4}$

又

$\because y_1$ 与 y_2 是非完全正相关

$\therefore \mathrm{cov}(y_1, y_2) < \sqrt{D(y_1)D(y_2)} = \dfrac{D(x)}{4}$

这样，就有：

$E(y_1 + y_2) = E(x)$

$D(y_1 + y_2) = D(y_1) + 2\mathrm{cov}(y_1, y_2) + D(y_2) < D(x)$

即：相较于 x，$(y_1 + y_2)$ 的均值不变，方差变小了。

按均值—方差标准，$(y_1 + y_2)$ 优于 x。

第 3 题

解：

（1） $0.1 \times 500 + 0.08 \times 1000 + 0.017 \times 10000 + 0.002 \times 50000 + 0.001 \times 100000 = 500$（元）

（2） $640 + (100000 - 50000) \times 0.001 = 690$（元）

（3） 710 元

所以按照损失期望值分析法，该公司最优决策为方案 1，自留风险。

第 4 题

解：

设甲、乙的损失结果分别是 X、Y。

（1）补齐条件概率。

条件	乙损失 100 的概率	乙损失 0 的概率
甲损失 100 时	0.80	0.20
甲损失 0 时	8/60	52/60

（2）我们再计算联合分布。

	Y = −100	Y = 0
X = −100	0.32	0.08
X = 0	0.08	0.52

（3）因为 $E(X) = E(Y) = -40$

$D(X) = D(Y) = 2400$

$cov(X, Y) = 2256$

所以 X 与 Y 的相关系数 <1。

所以甲、乙是非完全正相关的。

（4）风险共担后，甲、乙的风险状态（损失随机变量）均为

$Z = (X + Y)/2$

而 $E(Z) = -40$

$D(Z) = \dfrac{1}{4}[D(X) + 2cov(X, Y) + D(Y)]$

$\qquad = \dfrac{1}{4}[2400 + 2 \times 2256 + 2400] < 2400$

即：甲和乙的均值不变，方差变小了。

所以甲、乙风险共担（平均分摊）后，甲与乙的风险状态均得到了改善。

第 5 题

解：

A. 由个人承担时，效用损失的计算：

$U(100) = 99$

$U(50) = 98$

$\Delta U = 99 - 98 = 1$

B. 由众人分摊时，总效用损失的计算：

B 的损失 50 由 100 人分摊，各承担 0.5；因此各人分摊损失后的财富为 $100 - 0.5 = 99.5$，每人效用损失计算如下：

$U(100) = 99$

$U(99.5) = 100 - \dfrac{100}{99.5} \approx 98.995$

$\Delta U = 99 - 98.995 = 0.005$

100 人的总效用损失为：$100 \times 0.005 = 0.5$

所以，分摊时总效用损失小于一个人承担损失时的效用损失。

第 6 题

解：

（1）设实际损失为 L 时，最终保费为 50 万元，有

$P_R = (P_B + L \times L_M) \times T_M \leqslant 50$

$(20 + L \times 1.1) \times 1.1 \leqslant 50$

$L \leqslant 23.14$

（2）设实际损失为 L 时，最终保费为计算保费，有

$50 \leqslant P_R = (P_B + L \times L_M) \times T_M \leqslant 100$

$50 \leqslant (20 + L \times 1.1) \times 1.1 \leqslant 100$

$23.14 \leqslant L \leqslant 64.46$

（3）实际损失大于 64.46 万元，最终保费为 100 万元。

第 7 题

解： 若存在这样的 λ，则

对甲而言，λ 须满足：

$E[\lambda(x + y)] \geqslant E(x)$ ①

$D[\lambda(x + y)] \leqslant D(x)$ ②

对乙而言，λ 须满足：

$E[(1 - \lambda)(x + y)] \geqslant E(y)$ ③

$D[(1 - \lambda)(x + y)] \leqslant D(y)$ ④

联立不等式①、不等式③，解得：$\lambda = 1/3$

且 $\lambda = 1/3$ 使不等式②、不等式④成立，

∴ λ = 1/3 时，甲、乙的风险状态会同时得到优化。

第 8 题

解：

（1）甲风险状态改变前后的期望效用分别为：

$$E[U(W)] = 1 - \frac{2}{3w}$$

$$E[U(\lambda(X+Y))] = 1 - \frac{17}{54w\lambda}$$

若风险状态得到改善，应有

$$1 - \frac{17}{54w\lambda} > 1 - \frac{2}{3w}$$

得到

$$\lambda > \frac{17}{36}$$

（2）同样，若乙风险状态改变后，风险状态得到改善，则有

$$\lambda < \frac{19}{36}$$

所以，$\left(\frac{17}{36}, \frac{19}{36}\right)$ 内的 λ 可以改善甲、乙的风险状态。

第七章 习 题

第 1 题

解：

（1）车主购买保险的期望效用为：$E[U(W_0 - 18000)] = -11000$

车主不买保险的期望效用为：

$$70\% \times U(W_0 - 0) + 20\% \times U(W_0 - 40000) + 10\% \times U(W_0 - 80000)$$

$$= -8000 - 9000$$

$$= -17000$$

所以车主应购买保险。

（2）因保险公司是风险中性的，所以其评价风险状态优劣的标准可以是期望值标准。

设保险公司当前的财富水平为 W_2。

保险公司不接受保险，其财富水平维持于 W_2。

保险公司接受保费为 G 的保险，其财富期望值为：

$W_2 + G - (70\% \times 0 + 20\% \times 40000 + 10\% \times 80000) = W_2 + G - 16000$

显然，$G - 16000 \geq 0$ 即保费大于 16000 时，保险公司愿意接受保险。

所以，保险公司可接受的最低保费是 16000。

第 2 题

解：

对甲而言：

$E(U_甲(X)) = 50\% \times 0 \times 0 + 50\% \times U_甲(100) = 50$

$E(U_甲(y)) = a$

当 a > 50 时，甲愿卖出风险机会 x、收入 45；

对乙而言：

$E(U_乙(X)) = 50\% \times 0 \times 0 + 50\% \times U_乙(100) = 40$

$E(U_乙(y)) = b$

当 40 > b 时，乙愿用 45 买入风险机会 x。

第 3 题

解：

对甲而言：$E(U_甲(X)) = 50\% \times 0 \times 0 + 50\% \times U_甲(100) = 50$

$E(U_甲(a)) = 51$

有：A < 51（因是风险厌恶型的风险主体）；

对乙而言：$E(U_乙(x)) = 50\% \times 0 \times 0 + 50\% \times U_乙(100) = 40$

$E(U_乙(a)) = b$

显然应有：b < 40（产生效用盈余的条件）

$$\frac{100}{a} > \frac{80}{b}$$（因是风险厌恶型的风险主体）

即：51 > a > 1.25b 时，甲和乙之间存在交换财富 X 和 Y 的效用盈余。

第 4 题

解：

对于 $X \sim N(\mu, \sigma^2)$

可以证明

$$E(U(X)) = \int_{-\infty}^{\infty} \frac{1 - e^{-\alpha x}}{\alpha} \frac{e^{-\frac{(x-\mu)^2}{2\sigma^2}}}{\sigma \sqrt{2\pi}} dx$$

$$= \frac{1 - \frac{\sigma^2 \alpha^2 - 2\mu\alpha}{\sigma^2}}{\alpha}$$

又若 $E(U(X_2)) > E(U(X_1))$，则风险主体可以将 X_1 转换为 X_2，从上式可知，这要求 $\sigma_2^2 < (\sigma_1^2 \alpha - 4)/\alpha$。

第 5 题

解：

不妨设基金经理现在买了 λ 股 A 股票、$(1-\lambda)$ 股 B 股票。

其未来值为：$\lambda X + (1-\lambda)Y$

$\because E[\lambda X + (1-\lambda)Y] = E(X)$

$D[\lambda X + (1-\lambda)Y] = \lambda^2 D(X) + (1-\lambda)^2 D(Y)$

$\therefore$ 无论 λ 为何值，投资组合的未来值 $\lambda X + (1-\lambda)Y$ 的均值不变，但使其方差最小的 λ 应满足：

$$\frac{\partial[\lambda^2 D(x) + (1-\lambda)^2 D(Y)]}{\partial \lambda} = 0$$

解得

$$\lambda = \frac{D(Y)}{D(X) + D(Y)}$$